부산마을교육공동체이야기

마을과 함께 자라는 아이들

목차

마을에서 배운 아이들에게 들었다 _ 118

부산마을 교육공동체를 말하다 _ 134

머리말

지난 3년 동안 우리 사회의 가장 굵직한 이슈였던 코로나19로 인해 세상사 모든 일이 위축된 듯 하다. 사회적 거리두기로 인해 인간관계의 단절을 경험해야 했고, 아이들은 관계 맺는 법을 익히기 전에 거리두기부터 배워야만 했다. 아직 코로나로부터 온전히 벗어나지 못했고 코로나 이후를 준비해야 할 수도 있지만, 마을교육공동체들은 그런 어려움 속에서도 멈추지 않고 예전의 자유로운 분위기와 활기를 되찾아 가고 있다.

마을교육공동체는 흔히 마을의 아이들을 함께 키우고, 마을의 주인으로 성장시키기 위한 공동체를 의미하지만, 넓은 의미로는 학교와 마을이 함께 아이들을 키우고 마을이 아이들의 배움터가 되도록 학교와 마을, 교육청과 지방자치단체 그리고 학부모와 시민사회가 협력하고 연대하는 교육 생태계를 의미한다. 부산시 교육청에서는 학교·마을·지역사회가 연대하고 협력하는 교육 생태계 조성을 위해 2018년부터 매년 마을교육공동체 운영을 하고자하는 단체를 공모해왔다. '시작단계 마을교육공동체', '성장단계 마을교육공동체' '돌봄중심 마을교육공동체' 등 3개 유형으로 나눠 공모했으며, 선정된 마을교육공동체에게는 구성원의 역량 강화 및 프로그램 운영비 등을 지원하고 있다.

부산마을교육공동체는 2018년 23개 단체로 시작해서, 2019년 30개, 2020년 32개, 2021년 40개 단체로 성장했다. 2022년에는 강서구(4, 금정구(4, 기장군(3, 남구(4, 동구(3, 동래구(7, 부산진구(11, 북구(5, 사상구(4, 사하구(4, 서구(2, 수영구(2, 연제구(4, 영도구(3, 중구(1, 해운대구(3 등 총 64개 단체를 선정했다. 마을교육공동체의 숫자가 늘었고, 의미 있는 행보가 이어지고 있다. 부산시교육청은 마을공동체를 통해 마을이 아이들을 함께 키우고, 아이들의 배움터가 되는 교육의 주체로 거듭날 수 있도록 학교·마을·지자체 간 협력과 연대를 통해 마을교육공동체를 지속해서 확대·운영해 나가고 있다. 또한 지역 특성에 맞는 마을교육공동체를 조성하고 지원하고 있다.

올해 선정된 성장단계 마을교육공동체 대표들을 현장에서 만났다.
마을 이야기, 마을과 학교를 잇는 공동체의 활동, 학교와의 연계, 역량 강화, 주번 이야기 등 디양힌 이야기를 들었나. 특히 아이들과 함께하는 활동에서 하나의 방식이나 내용에 함몰되지 않고 마을의 특성에 맞게 다른 감각, 색다른 프로그램을 개발하려는 노력이 돋보였다. 아이들이 건강하게 자라길 바라면서 공동체 활동을 시작했지만 주어진 환경은 녹록치 않다. 마을교육공동체를 꾸리는 그날부터 공동체의 존재를 증명하기 위한 끝없는 투쟁이었다. 학교의 문턱은 높았고, 주위의 시선은 호의적이지 않을 때가 많았다. 그럼에도 "아이들이 좋아하니까 힘이 나고 더 잘 할 수 있을 것 같다"며 희망에 기댄다.

마을교육공동체를 통해서 배움과 성장의 시간을 보낸 아이들의 다정다감한 글도 함께 담았다. 글을 보면서 '알아서 잘 크는 아이는 없다'는 것을 실감한다. 아이들이 잘 자랄 수 있도록 가족과 학교의 도움 못지않게, 마을에서의 체험과 놀이, 문화 활동을 통해서 아이들에게 물고기가 헤엄치듯 자유롭고 주도적인 환경을 만들어주고자 하는 마을교육공동체의 필요성이 느껴진다.

학교가 아이들이 앞으로 나아가도록 하는 역할이라면 마을교육공동체의 역할은 아이들을 옆에서 같이 챙기고 함께 가는 것이다. 인터넷 시대의 일상을 장악한 비대면 소통 방식은 더 심화되고 있다. 많은 마을교육공동체 앞에는 거점 확보, 가장 큰 화두이자 숙제인 학교와의 연계 등 해결하지 못한 문제가 산적해 있다. 앞으로의 전망이 녹록치 않겠지만, 마을교육공동체들은 이에 굴하지 않고 아이들과 소통하면서 지역의 과제와 아이들이 원하는 게 뭔지 이해하고, 아이들이 행복한 환경을 만들기 위해 종종걸음을 치고 있다. 어려운 가운데서도 부산마을교육공동체가 전문성을 갖추고 외연을 확장해 나가길 기대한다.

부산의 미래를
열어가는
마을교육공동체

김대성

2011년부터 2013년까지 '부산진로진학지원센터' 초대 센터장, 2013년부터 2016년까지 만덕고등학교 교장으로 최초의 다행복학교를 운영하였다. 2016년부터 2018년까지 부산시 북구교육지원청 교육장으로 다행복교육지구 사업을 계획하고 시범운영을 하였다.

부산마을교육공동체의 태동

부산의 마을교육공동체는 이전의 많은 자생적인 공동체 활동과 연장선에 있으나 본격적인 활동은 북구 만덕동을 시범 지역으로 하는 '2017 북부다 행복교육지구' 사업에서 그 출발점을 찾아볼 수 있다. 북구, 사상구, 강서구 교육을 지원하는 북부교육지원청은 '2017 주요 업무 계획'을 위하여 2016년 가을에 관내 교육 문제를 검토하였다. 문제는 교육여건이 열악하다고 인식되어 학생들이 인근의 다른 구(區)로 빠져나가는 경우가 많고, 지역 내 고등학교에 배정받는 것조차 피하는 경향이 있어 교육격차가 심화되고 고착화되는 것이었다. 이에 대한 원인으로 분석된 주요 내용으로는 일부 거주민들의 지역에 관한 관심이나 이해 부족으로 거주지에 대한 자긍심이 부족하고, 현 주소지를 임시거주지로 생각하는 주민들은 여건만 되면 교육환경이 더 나은 곳으로 이동하려고 하는 강한 신 유목민 심리가 작동되어 있다는 것이었다. 또한 교육이 학교에서만 일어난다는 전통적인 인식이 강하여 지역사회는 학교에만 교육의 책무성을 요구하는 구조가 되어 있으며, 반면에 학교는 지역사회와 교류하지 않고, 지역에서 접근하기에는 담이 높은 학교로 지역 속에 있되 고립된 섬으로 존재하는 학교의 모습이었다. 이러한 학교 교육은 학생들의 삶과 유리된 채 교실과 교과서에 갇힌 상태로 지식 수용을 강요하는 학습으로 지식 생성의 역량을 키우지 못하고 있으며, 더욱이 시험 위주의 경쟁적인 교육 체제에서 일찍부터 학습 노동에 시달리다 정작 학습 적령기에는 학습 흥미가 상실되어 잠자는 교실이 연출되고 이에 따라 학력이 저하되는 악순환의 고리에서 학생들은 주변 사람과의 관계 형성이 잘 되지 못하는 등 그들의 삶이 날로 피폐해지고 있다는 반성이 있었다. 그런데도 구청과 교육청의 연계 부족으로 교육·문화 사업이 중복되기도 하는 등 예산의 효율적 분배와 집행이 곤란하여 지역 교육의 누적적 성과를 만들어 내기 어려웠다.

북부교육지원청은 부산교육의 고질적인 교육격차 문제를 해소하지 않고 서는 지역의 교육, 지역의 발전을 담보하기 어렵다는 판단으로 이를 좀 더 근원적으로 해결하고자 '다행복교육지구' 사업을 시작하였으며, 이러한 노력을 확산시켜 부산 전체를 학습도시화하고자 하였다. 즉, 부산에서의 현대판 이상촌● 건설을 꿈꾸었다.

부산은 오래전부터 동래, 해운대 중심의 동부산권과 북구, 서구 중심의 서 부산권으로 나누어 동부산권이 서부산권에 비하여 교육 경쟁력이 있다고 인식하는 동고서저의 측면에서 교육격차를 논해왔다. 부산시교육청에서 는 2004년부터 이러한 불균형을 해소하기 위하여 문화적 환경이 낙후한 지역, 저소득층 지역, 교육환경이 열악한 지역에 대하여 교원인사를 포함 한 교육정책뿐만 아니라 시설을 비롯한 인프라 구축을 위한 재정적인 측 면에서 우선 지원하는 정책들을 펴왔다. 그러나 여전히 동부산권에 비하 여 서부산권의 학령인구는 더 감소하는 추세에 있다는 것은 부모들이 교 육환경이 좋다는 생각으로, 자녀의 장래를 위하여 어느 정도 여건만 되면 동부산권역으로 이사하는 경향이 있다는 것을 보여주고 있었다.

● 1910~1920년대 도산 안창호가 중심이 되어 전개된 이상촌운동은 신민회로부터 시작되었다. 이는 학교와 병원, 도서관 시설을 갖추어 구락부를 두며, 빈민들을 이주시켜 문명의 혜택을 입도록 하고자 하였다.

이러한 경향은 부산교육종단연구(BELS 데이터를 활용한 '교육격차 원인 분석 및 해결방안'[●]에서 이를 뒷받침하고 있다. 신도시, 동부산, 서부산·원도심으로 구분하여 분석한 이 연구에서 교육과정에서는 유의미한 차이가 없으나 교육기회와 교육결과에서 신도시와 동부산이 높고 부산·원도심이 낮게 나타났다. 실제로 부산시가 최초로 주관적, 객관적 요소를 모두 지표로 만들어 부산지역 16개 구(군 발전의 불균형 실태를 분석[●●]한 바에 의하더라도 월평균 소득이 높은 곳이 주로 동부산권이고 기초생활수급자 비율이 높은 곳은 주로 서부산권이기도 하다.

그동안 행정기관이 서부산권에 대한 지원이 계속되었음에도 시민들은 자녀교육을 위하여 유목민 생활을 하고 있다는 것은 지원 중심의 행정 권력

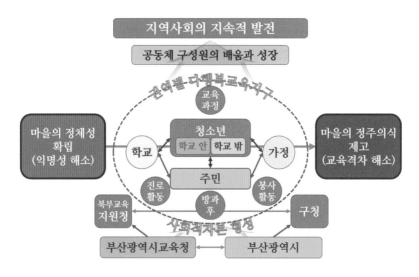

다행복교육지구 사업의 추진체계와 비전 (출처 : 부산광역시북부교육지원청, 2017

● 부산광역시교육청, 「2018년 교육균형발전 추진계획」, 2018, 2쪽.
●● 한국지방행정연구원, 「부산시 균형발전을 위한 불균형 실태분석 지표 개발 연구」, 2020.

에 의한 교육 불균형 해소에는 한계가 있다는 것을 드러내고 있었다. 그래서 북부교육지원청은 교육 불균형 해소책에 대한 패러다임을 바꾸고자 하였다. 행정기관이 지원하고 시민(주민)이 이를 수용하고 따르는 형태가 아닌 시민(주민)이 실제로 필요한 것을 요구하고 행정기관이 이에 답하는 형태로의 변화, 또한 시민(주민)이 스스로 문제를 발굴하고 해결해갈 수 있는 시민 권력이 작동하는 시스템을 구축하고자 한 것이다.

이 시스템에서는 행정동 단위의 권역별 지구를 설정하고, 권역 내 다양한 교육 주체들로 구성된 민·관·학 거버넌스에서 활동 계획을 만들어 추진하며, 이를 행정적으로 지원하는 체제이다.

이 체제에서 마을의 온갖 교육자원이 학교 교육과정으로 들어오고, 학생들이 마을에서 진로·봉사·방과후·인성 등 다양한 활동을 통해 배우는 구조를 만들어, 궁극적으로 마을 자체가 마을의 구성원들이 배우고 성장하는 학습공동체가 되도록 하는 것이다. 이 과정에서 더 많은 청소년이 마을 정주민(定住民)으로 살아갈 기반을 조성함으로써 그들이 지역 인재로서 지속적인 지역 발전을 견인하도록 하였다.

이를 위해서는 마을의 모든 구성원이 참여하여 그 마을의 교육 문제를 드러내고 해결하기 위해 서로 협의하는 과정이 필요하다. 이 과정에서 개인과 개인, 조직과 조직 간의 상호 호혜적인 관계 및 네트워킹을 통해 신뢰를 만들 수 있고 개인이나 한 가정 수준의 노력으로는 부족한 사회적 자본을 형성하여 다음 세대에게 더 나은 세상을 만들어 줄 수 있을 것으로 기대하였다.

이듬해인 2018학년도부터 다행복교육지구는 부산시교육청 사업으로 시행되었는데, 이와 함께 마을교육공동체 사업이 시행되었다. 다행복교육지구 사업의 핵심은 학교와 마을을 잇는 것이다. 학생의 배움 장소를 학교로 제한하지 않고 온 마을을 교육적 공간으로 만들어 가는 것을 지향한다. 이것은 마을교육공동체 사업의 핵심이기도 하다. 단지 다행복교육지구 사업은 협약된 구(군)청의 행정단위로 교육청과 지자체의 예산과 인력을 지원받아 시행하는 방식인 데 비하여, 마을교육공동체는 다행복교육지구가 아니더라도 교육청의 예산을 지원받아 진행하는 형태로 하였다.

부산마을교육공동체의 현재와 미래

북부교육지원청에서 구안한 다행복교육지구 사업의 시범운영에 따른 영향으로 2017년 8월 9일, 시의회에서 '부산광역시 교육격차 해소를 위한 민관협력 지원 조례'를 만들기도 하였지만 동시에 '부산마을교육공동체 활성화 지원에 관한 조례'가 제정되어 이에 근거하여 현재의 다행복교육지구와 마을교육공동체 사업이 진행되고 있다.

이 조례에서 정의한 '마을'은 주민이 일상생활을 영위하면서 사회적·심리적 유대관계를 바탕으로 교육·경제·문화 등을 공유하는 공간적·사회적 범위이다. 그리고 '마을교육공동체'는 학교와 마을이 아이들을 함께 키우고 마을이 아이들의 배움터가 되도록 학교와 마을, 교육청과 지방자치단체 그리고 학부모와 시민사회가 자발적으로 협력하고 연대하는 교육생태계이며 '다행복교육지구'는 부산시교육청과 지방자치단체가 협약을 통해 학교와 마을이 협력하는 마을교육공동체를 구축하여 모두에게 신뢰받는 공교육 혁신과 지역 동반성장을 이루기 위하여 지정한 지역이다. 즉, 다행복교육지구는 기초자치단체 단위의 마을교육공동체를 운영하는 것을 의미한다.

다행복교육지구는 2018년에 5개 구청(북구, 사상구, 사하구, 영도구, 동구으로 시작하여 2019년에 2개 구청(부산진구, 연제구, 2021년에 2개 구청(금정구, 해운대구, 2022년에 2개 구청(서구, 동래구과 협약을 체결하여 현재 부산 16개 구(군 중에서 11개 구청이 예산과 지원 인력를 확보하여 참여하고 있다. 마을교육공동체는 공모를 통해 지원 단체를 선정하는데 2018년에 23개, 2019년에 30개, 2020년에 32개, 2021년에 40개, 2022년에 64개로 해마다 참여 단체가 늘어나고 있다. 이것은 그만큼 지자체와 시민들의 관심이 높아지고 있다는 증거이기도 하다. 그리고 그 결과는 이 아카이브에서 확인할 수 있다.

아이들이 마을에서 스스로 재능을 발견하여 나눔을 하며, 아이들 스스로 제 앞가림을 하고 더불어 살아가는 힘을 익히는 배움터가 되기도 한다. 경로당을 아이들과 어르신들이 같이 어우러지는 공간으로 변신시키며, 관계 맺음을 통해 민주시민으로 성장하도록 돕기도 한다. 또한 마을 이야기 지도를 만들어 수업에 활용하고, 마을 나들이 코스를 개발하는 한편, 숲 놀이·지역 축제 운영 등 마을 친화적인 활동을 통해 아이들의 삶의 터전에 바탕한 배움과 성장을 지원하기도 한다. 그리고 누구나 쉽고 편리하게 책을 접할 수 있는 독서문화생태계를 조성하는가 하면, 지역문화예술 활동가와 학부모가 교육활동에 참여하고 어떤 기업은 예술 향유 기회를 제공하여 아이들에게 내재한 끼를 자극하고 진로 탐색의 기회를 제공하기도 한다.

이러한 활동을 통해서 아이와 어른 모두가 마을에서 자발적으로 소통하며 마을과 연대하여 아이를 키우고, 아이와 함께 어른도 성장하는 마을교

학교 사회적협동조합 조례 발의를 위한 토론회

육공동체를 만들어가고 있다.

여기에는 또 다른 마을교육공동체로서 학교사회적협동조합이 있다. 처음에는 건강한 먹거리를 제공하고자 하였으나 설립 이후에는 학생들의 사회적경제에 대한 교육의 장이 되었고 마을과 끊임없이 소통하는 통로가 되었다. 여기에 참여하여 졸업 후 지금까지 6년간 활동하고 있는 학생은 공동체의 가치로 예비교사의 길을 걷고 있다.

결론적으로 마을교육공동체 사업은 학생의 온전한 발달과 성장을 위해 학교와 학교 밖 마을이 즐겁고, 유의하게 서로의 손을 맞잡을 수 있는 체계를 만들어 가는 것이다. 이제 5년 차에 접어든 부산의 다행복교육지구 사업과 마을교육공동체 사업이 출발점에서의 목적에 얼마나 가 닿고 있는지는 그 지역 주민의 눈으로 직접 점검하여 피드백할 필요가 있다.

동시에 앞으로 마을교육공동체를 어떻게 지속할 수 있도록 할 것인가를 같이 고민하여야 한다. 35년여 전에 미 육군대학에서 소련연방의 해체 이후의 세계의 질서가 변동이 심하고 불확실하며 복잡하고 모호하다는 것을 나타내기 위해 사용한 VUCA(Volatile, Uncertain, Complex, Ambiguous가 미래사회를 표현하기 위해 OECD에서 다시 사용되고 있다. 이에 대응하여 The Future of Education and Skills: Education 2030●에서는 '새로운 가치 창조하기', '긴장과 딜레마 조정하기', '책임감 갖기'라는 3가지의 변혁적 역량을 제시한 바 있다. 여기에서 가장 강조되고 있는 개념은 학생 주체성(student agency이다. 학생 주체성을 기르기 위해서는 학생 개별적 노력으로는 부족하므로 동료 학생, 교사, 학부모, 지역민이 상호 지원적인 관계를 형성하는 것이 필요하고, 이를 협력적 주체성(co-agency이라 하였다. 또한 UNESCO에서는 교육을 경합하지 않고도 누구든지 누릴 수 있어야 한다는 '공공재(public good'이기 보다는 사람이 공동체로서 존재하여 얻게 되는 결과물이라는 '공동재(common good'의 개념으로 인식하고 있다. 이러한 맥락에서 학교가 지역사회와 연결되어 유연한 학습 플랫폼이 되어야 한다고 강조하고 있으며, 이러한 맥락에서 마을교육공동체의 향후 활동방향을 정할 필요가 있다.

더구나 이제 DNA(Data science, Network, AI와 XR(eXtended Reality 기술이 발전하고 융합되면서 사회 전반적으로 생활 양식이 변화하고 있는 가운데 교육환경의 변화도 예고하고 있다. 자칫 진보된 디지털 기술에 너무 의존하다 보면 실제에서 관계맺기가 더 어려워지지 않을까 걱정이다. 그래서 마을교육공동체라는 관계 속에서 배우고 성장하는 사회적 관계망

● OECD(2018, The future of education and skills: Education 2030, OECD Publishing.

이 더욱 요구된다. 더구나 부산은 지난 20년간 인구의 역외 유출이 지속되어 왔다. 한국은행 부산본부에서 밝힌 "부산경제 현황과 과제●"에 의하면 전국 대비 부산 GRDP(지역 내 총 생산량 비중이 2000년 5.6%에서 2018년 4.7%로 다른 지역에 비해 큰 폭(-0.9%p으로 감소하였다. 출산율은 서울을 제외한 광역시 중에서 가장 낮으며, 청년층(15~29세을 중심으로 인구가 유출되면서 생산연령인구(15~64세 감소가 지속되고 있다. 이러한 가운데 다른 지역에 비해 인구가 빠른 속도로 줄어들고 있으며, 전국 7대 도시 중 고령사회에 가장 먼저 진입(2015년하였다. 특히 부산지역 취업자 증가율은 0.3%로 경기(3.1%, 인천(2.2% 등 수도권 지역에 비해 크게 낮으며, 고용률도 전국에서 가장 낮은 상황에 있다. 이러한 상황은 전국 시·도 간 불균형에서 부산은 경제적으로 가장 어려운 도시가 되고 있다는 것이다. 경제는 곧 시민의 삶과 교육으로 연결되기 때문에 무엇보다도 부산의 경제성장 토대를 마련하여 부산의 균형발전과 함께 해결할 수 있도록 하여야겠지만 우리는 우리 다음 세대를 위하여 그리고 지속적인 부산 발전을 위하여 교육에서만이라도 그 답을 찾아야 한다. 이러한 현상은 그만큼 부산의 고용시장이 침체하여 있다는 것을 방증하는 것이 되겠지만, 학생 시절에 지역에서 살아가는 방법을 배우지 못했고, 무조건 공부하여 대학도 IN서울, 직장도 IN서울을 외치면서 우리가 자초한 부분도 마을교육공동체를 통하여 풀어가야 할 과제라 할 것이다.

한 아이가 온전하게 성장하도록, 나아가 한 가정이 건강한 성장의 터가 되도록 돕는 것은 구성원들 모두에게 유익하다. 마을에 있는 기관과 단체가

● 한국은행 부산본부, 「부산경제 현황과 과제 - 부산경제 성장여건 점검 -」, 2020.

도움이 필요한 학생과 가정을 위해 머리를 맞대고 손을 맞잡아 연대·협력하는 모습은 그 자체로 마을 구성원들에게 안도와 신뢰감을 줄 수 있기 때문이다. 더구나 학습 결손이나 격차 문제는 미래사회에 큰 문제를 야기할 수 있기 때문에 지역사회가 함께 풀어야 할 숙제이기도 하다. 우리는 코로나19를 겪으면서 비록 활동하는데 위축된 부분은 많이 있으나 여러 마을교육공동체가 나름 애를 쓴 결과 학교뿐만 아니라 우리가 사는 가정과 마을도 곧 배움이 일어나는 학교라는 사실을 새삼 확인하고 있다. 무엇이든 학습자료가 될 수 있고, 누구나 아이들에 대한 선생님이 될 수 있다는 인식도 확대되고 있다.

부산에서 태어난 아이들이 부산에서 꿈을 꾸고 실현하며 삶의 터전이 될 수 있도록 하기 위해서는 어느 때보다 학교와 마을, 지자체가 손잡고 마을교육공동체의 길을 같이 가야 할 것이다.

마을교육공동체가 우리의 대안일까, 마을교육공동체에 물었다.

배움터가 학교에서 지역 사회로 확대되면서 지난 몇 년 동안 마을교육공동체는 교육계의 중요한 이슈이자 현상이었다. 그동안 마을교육공동체는 아이들을 중심에 두고, 아이들이 행복하게 성장할 수있는 환경을 만들기 위해, 학교와 마을을 잇고, 마을의 개방성과 포용성을 높이기 위한 다양한 방법을 제시해왔다. 코로나19 팬데믹이라는 어둡고 끝이 보이지 않는 터널을 지나면서, 마을 교육의 필요성을 더 절실히 느끼고 포용성을 넓히는 계기가 되기도 했다. 어느 활동가에게 "마을교육공동체를 왜 하는가?"하고 물었더니 "보람"을 이유로 들었다. "우리 활동이 아이들을 위한 일이지만 동시에 내가 즐거워서 하는 일이다. 그리고 그 즐거움을 아이들과 나누고 싶다"고 했다. 마을교육공동체들은 그 말이 틀리지 않다는 것을 증명하려는 듯 오늘도 즐겁게 열심히 가르치고 배우며 변화하고 있다. 어려움 속에서도 희망을 곁에 두려는 마을교육공동체 대표와 활동가에게 물었다.

금정구 **거꾸로놀이터** 심정선 대표

기장군 **소두방마을교육공동체** 최윤숙대표·장미현 사무장

남구 **부산남구마을교육공동체네트워크** 안소희 대표

동구 **이바구맘스** 이진경 대표

동래구 **토닥동래마을교육공동체** 임은경 대표

부산진구 **양정꿈오름** 송경이 대표

북구 **대천마을학교** 정영수 활동가

사상구 **사상성장맘스** 이소용·고혜선 공동대표

사하구 **고니마을교육공동체** 김명애 대표

서구 **다하자D.H.A.H** 권혜영 대표

연제구 **아트커뮤니티센터라온** 유현미 대표

영도구 **누리봄마을교육공동체** 장수영 대표·장은희 총괄부장

해운대구 **재반마을교육공동체** 장원자 대표

거꾸로
놀이터

심정선 대표

금정구

거꾸로놀이터는 금정구 서동로의 비탈진 좁다
란 골목에 자리하고 있다. 평상이라도 있으면 아
이들을 지켜보고 지지해 주는 '마을의 이모'들이
둘러앉아 도란도란 이야기 꽃을 피울 것만 같은
정감 어린 분위기다. 인근 서명초등학교에서 진행
한 자기 주도적인 수업방식이었던 '거꾸로 수업'을 1
년간 참여하면서 마을교육공동체에 눈을 뜨게되어
2015년 거꾸로놀이터를 만들었다. 서명초등학교가
'다행복학교'로 선정되면서 자연스럽게 협력하는 관계
로 발전했다. 초대 회장이 사비로 집을 구매해서 선뜻
내어준 덕택에 공간 운영에 대한 부담을 덜 수 있었다.
거꾸로놀이터의 기반은 아이들의 주도성이다. 마을 아
이들이 마을에서 스스로의 재능을 발견하고, 재능 나눔을
하면서, 자기주도적 삶을 살아가기를 희망하고 있다.

마을교육공동체를 하게 된 계기가 궁금합니다.

2014년, 우리 아이들이 서명초등학교에서 1년간 '거꾸로 수업'을 받았어요. 선생님 한 분이 한 학년을 대상으로 진행한 수업이었는데 운 좋게 저희 애들이 대상에 포함이 되었어요. 1년 동안 아이들이 엄청나게 많이 성장하는 걸 직접 눈으로 봤죠. "거꾸로 수업이 지속되었으면 좋겠다"고 엄마들이 학교 측에 요청했지만, 사정상 받아들여지지 않았고, 선생님은 다음 해 전근을 가셨어요. 그래서 "우리가 아이들을 위한 공간을 마을에 만들어 보자"고 몇몇 엄마들과 의기투합하여 2015년에 만들게 되었어요. 올해로 8년 차입니다.

'거꾸로 수업'은 어떤 수업이었나요?

일반적인 학교 수업은 선생님이 아이들에게 일방적으로 지식을 전달하는 형태를 띠잖아요. '거꾸로 수업'은 주제를 가지고 아이들이 모둠으로 자유롭게 토의하고 "너는 이 부분을 맡아, 나는 이 부분을 맡을게"하면서 단락을 나눠 서로 협업을 하며 진행했어요. 각자 맡은 부분을 공부하고 다음 수업에서 자신이 공부한 부분을 친구들에게 얘기하면서 서로서로를 가르쳐주는 방식이었죠. 친구들의 질문을 받으면 공부한 부분에 대해서 서로 답변을 하고, 선생님은 학생들과 상호작용을 하며 부충하거나 심화학급을 돕는 역할을 했어요. 그랬더니 아이들이 온전히 자기 수업이라는 생각을 갖게 되더라고요. 집중도가 좋았어요.

공부한 부분을 친구들한테 설명하고 질문에 답하는 과정 속에서 자신감이나 성취감도 느끼고요. 아이들마다 자신이 좋아하고 잘하는 분야가 있기 마련이잖아요. 다들 공부를 잘할 수는 없을 테고요. 그런 수업 과정 속에서 자신이 좋아하고 잘할 수 있는 것을 찾아내더라고요. 아이들이 학교생활을 즐거워하고, 친구들을 좋아하고, 자신이 좋아하는 것을 찾아내면서 성장하는 모습을 엄마들이 직접 보고 느낀 거죠. 그 수업을 표방해서 공동체 이름을 '거꾸로놀이터'라고 지었어요.

'거꾸로놀이터' 마을교육공동체를 통해 이루고 싶은 꿈이 있다면요?

'우리 아이들이 마을에서 건강하게 자랐으면 좋겠다'는 마음으로 이 일을 시작했고, 지금도 같은 마음이에요. 처음 시작했던 아이들이 올해 고3이 되었어요. 이제 곧 성인이에요. 직장으로 가는 아이도 있고, 학교로 가는 아이도 있고, 각자의 길로 찾아 나가겠죠. 소박한 꿈이라면 그 아이들이 '거꾸로 정신'을 잊지 않고 동생들에게 경험을 전달하고, 그 아이들이 또 동생들에게 전달하고…. 그래서 우리 마을 아이늘이 서로 연결되어 건강하고 행복하게 성장했으면 하는 거예요.

공동체 활동에 열심이었던 아이들도 중학생이 되고 고등학생이 되면 아무래도 동력이 떨어지
기도 하지요?
그럼에도 틈틈이 시간을 내어 공동체 활동을 열심히 하는 아이들도 있어요. 금정구 종합사회복지관
과 연계해서 청소년들이 스스로 설계한다는 뜻을 지닌 동아리 '청설모'가 만들어졌어요. 거꾸로놀이
터 구성원이 아니더라도 또래 친구들을 모아서 거꾸로놀이터 안에서 동아리를 만든 거죠. 그렇게 만
들어진 동아리 '청솔모'에서 중학생, 초등학생 동생들이 놀 공간이 별로 없으니 '작은 놀이 공간이라
도 마련해 주자'는 거에요. 옥상에 만들기 체험 부스를 만들어서 아이들이 체험할 수 있도록 하는 활
동도 했어요.

거점 공간이 주택가 골목에 있어서 공간 앞에 평상만 있으면 동네 사랑방 같습니다.
공간을 마련하는 과정이 어땠는지 궁금합니다.
다행스럽고, 감사하게도 초대 회장님이 사비로 이 집을 구매하셔서 처음부터 공간 마련에 대한 부담
은 없었어요. 2015년 2월인가, 3월쯤에 공동체에서 공사를 시작했고, 공사를 마치고 입주한 게 5월
쯤이었어요. 회원들이 알음알음으로 알고 지내던 분들을 연결해서 벽지도 바르고 내부 수리를 했어
요. 밖에 벽화는 직접 그리고 하면서 공간을 꾸몄죠. 공간 유지를 위한 비용은 은 회원들의 회비로 운
영하고 있습니다.

학교와의 연계는 어떻습니까?

공동체를 만들고 처음에는 조금 어려움이 있었지만, 서명초등학교가 '다행복학교'로 선정되면서 서로 협력하는 관계로 바뀌었어요. 마을 아이들과 운동회를 하거나, 전통 놀이를 해야 하는 일이 있으면 학교 측에서 주말에도 운동장을 내어주고, 가정통신문을 통해 아이들이 참여할 수 있도록 홍보도 해 주세요. 초등학교 3학년 수업 중에 '우리 마을 알기'라는 과정이 있어요. 아무래도 선생님보다 마을에 사는 우리가 마을을 더 잘 알잖아요. 마을 활동가가 보조 강사가 되어 "아이들과 마을을 돌면서 수업을 하자"라고까지 진행되었는데 코로나로 실행에 옮겨지지는 못했어요. 활동가 중에서 '정리 수납 자격'을 수료한 분이 몇 분 계세요. 학교에서 "아이들 사물함 정리나 주변 정리에 활용하면 좋겠다"고 하셔서 얘기되고 있는 중입니다. 처음에는 '학교와의 연계가 굳이 필요할까'하는 생각도 했어요. 그런데 일을 하면 할수록 필요성을 느껴요. 우리 활동이 마을 안에서 아이들과 행복하게 잘 살기 위한 것이 잖아요. 아이들이 학교에 다니고, 우리 마을 안에 학교가 있는데 학교를 배제하고서는 발전해 나아갈 수가 없겠더라고요.

활동가는 몇 분 정도 계신가요?

엄마 회원이 16명 정도이고, 아이들이 20명 정도 됩니다.

활동가들이 많은 편입니다. 일을 하다 보면 활동가들 간에 사소한 의견 대립이 있을 수 있을 텐데 갈등 해소 방안 같은 것이 있으신가요?

어디나 그렇겠지만 활동하다 보면 열심히 참여하는 사람, 소극적이거나 방관하는 사람으로 나뉘는 것 같아요. 처음에는 '어떻게 하면 다들 적극적으로 참여하도록 도움을 줄 수 있을까' 고민을 많이 했는데, 이젠 관점이 조금 바뀌었어요. 사람마다 성향이 다르고, 나름의 이유가 있지 않겠습니까. 억지로 참여를 유도하기보다 평소에 자주 안부를 묻고, 시간 내서 왔을 때 이곳이 어색하지 않고 편안한 공간으로 다가갈 수 있도록 노력해요. 사랑방처럼 편하게 와서 수다 떨고, 힐링할 수 있는 공간. 그렇게 열려 있는 공간으로 만들고 유지하다보면 자연스럽게 많은 사람들이 함께할 수 있지 않을까 생각해요. 올해부터는 일주일에 한 번 만나는 날을 정했어요. 매주 화요일. 매주 참석은 못 하더라도 시간이 되면 와서 얼굴 보고, 얘기 나누고, 맛있는 것도 먹고 하다 보면 우리가 하는 활동에 관한 얘기도 자연스레 나오거든요. 자주 보고 자주 얘기를 나누는 것이 가장 좋은 방법같아요.

활동가들의 역량 강화는 어떻게 진행하고 있습니까?

공동체 활동에 대한 역량 강화는 외부 강사의 도움을 받거나, 먼저 시작한 공동체, 경력이 짧아도 잘하고 있는 공동체를 통해서도 배우고, 선진지 견학도 많이 다녀요. 어디를 가든 항상 배울 게 있는 것 같아요. 비용은 부산마을교육공동체 지원 사업의 역량 강화 부분을 많이 활용하는데, 초과 부분은 십시일반으로 모아 내기도 해요. 정리수납 활동은 자격증을 따려면 8만 원 정도 비용이 들어요. 그런 경우 개인이 전부 떠안기엔 부담스러울 수 있겠다 싶어 회비에서 일부를 지원해 주고 있어요.

공동체를 운영하면서 보람되거나 기억에 남는 일이 있다면.

이웃 간에도 그렇고 세상이 점점 각박해지고 있잖아요. 그런데 우리 마을은 아이들을 지지해 주고 지켜봐 주는 든든한 '마을 이모'가 많이 있어요. 공동체 안의 이모들… 공동체를 통해서 아이들이 진짜 건강하고 행복하게 청소년기를 보내는 것을 저희가 직접 봤단 말이에요. 솔직히 아이들에게 사춘기가 왔을 때 걱정을 많이 했는데 무탈하게 지나가는 걸 보면서, "다 공동체 덕분이다. 아이들이 공동체 안에 있었기 때문에 건강하게 청소년기를 보낼 수 있었다"는 생각을 했어요.. 항상 그 점이 보람되고 감사해요.

거꾸로놀이터의 기반은 아이들의 주도성이에요. 아이들 스스로 배우고 활동하는데, 대표적인 활동이 '재능 나눔 활동'이에요. 아이들이 자신이 가진 재능을 친구나 동생들과 나누는 활동이지요. 초반에 어린 친구들이 "나는 아무런 재능이 없는데, 누군가를 가르칠 수 있을까요?" 하고 자신 없어 했어요. 그런데 선배들의 재능 나눔을 받으면서 조금씩 바뀌었어요. "나도 재능이 하나쯤 있지 않을까?" 하고 찾아보기 시작한 거죠. 물론 옆에서 지켜봐주는 부모님의 도움도 중요하고요. "나는 이걸로 재능 나눔을 해 볼래요"하고 아이템을 정해서 기획을 해 와요. 자신 없어 하던 아이들이 수업을 해내고, 그러면서 자신감이 붙고 성취감도 느끼는 거예요. "나도 잘하는 게 있구나, 하니까 되네"라는 경험은 진짜 어디에서도 쉽게 얻을 수 없는 것이라고 생각해요. 고등학생한테 받은 재능 나눔을 중학생이 초등학생에게 가르쳐주니까, 그 수업을 들은 초등학생 중에 "다음에는 나도 재능 나눔을 해봐야지" 하는 아이들이 나오더라고요. 그 순간 희열을 느꼈어요. 진짜 우리가 원하던 거였죠.

거점마을교육공체로서의 역할이 있다면요?

거점마을교육공동체가 마을교육공동체들을 이어주는 소통의 구심점 역할을 해야 한다고 이해하고 있어요. 왜 우리한테 거점마을교육공동체를 하라고 했는지 모르겠지만, 작년부터 거점마을교육공동체를 하고 있어요. 우리 공동체가 결속력이나 내실이 있다고 봐준 것 같아 감사해요. 모임은 보통 분기별로 한 번씩 갖는데 주로 이곳에서 모여요. 한 번씩 지원단에서 와서 자문도 해주세요. 거점이라는 이름만 달고 있기보다 주도적으로 소통하고 활발하게 교류를 하려고 해요. 각자 가진 공동체만의 인적 자원이 있고, 결이 다를 거란 말이죠. 그런 자원을 서로 교류하면서 활용할 수 있는 네트워크가 형성되면 좋겠다는 바람이 있고, 작은 도움이라도 되고 싶습니다.

교육 행정에 바라는 게 있다면요?

아이들한테 좋은 영향력을 미치고 있는 사례를 경험하면서 '마을에 공동체가 많아야 한다'는 생각이 더욱 절실해졌어요. 그렇지만 우리처럼 자생적으로 공동체를 만들기란 쉽지 않다고 생각해요. 처음부터 공동체를 만들어야지 한다고 공동체가 만들어지는 게 아니잖아요. 출발점은 동아리와 같은 소

모임이라고 생각해요. 지금 열심히 해 나가고 있는 공동체를 지원하고 성장시키는 것도 필요하지만, 엄마들의 소모임이나 동아리를 활성화 시켜 마을교육공동체로 성장할 수 있도록 환경을 조성하는 것도 중요하다고 생각해요. 소규모 모임이나 동아리가 마을교육공동체의 씨앗이라고 봐요.

거꾸로놀이터 심정선 대표는 마을교육공동체의 활동가는 "봉사하는 사람"이라 말한다. 하지만, 봉사 마인드만 가지고 지속 가능하기는 힘들다" 면서 "활동을 하다가 어느 순간 푹 꺼져버릴 때가 있다"고 말했다. 활동가들이 처음에는 의욕을 가지고 열심히 하지만 결국 공동체활동으로 수익을 만들 수 없으니 직장을 찾아 나서게 되는 경우가 많다고한다. 마을교육공동체가 지속 가능하려면 어떤 형태로든 그에 따른 처우나 보상이 따랐으면 좋겠다는 희망 사항을 남겼다.

소두방
마을교육
공동체

최윤숙 대표

장미현 사무장

소두방마을교육공동체 최윤숙 대표와 장미현 사무장을 만났다. 성격과 성향은 달라 보였지만 친구 같은 느낌이었다. 이야기를 나누는데 '티키타카' 호흡이 잘 맞았다. 소두방마을교육공동체는 다행복학교인 방곡초등학교 학부모 활동에서 시작하여 꿈틀 놀이 활동을 통해 성장했다. 놀면서 배우는 관계의 힘을 믿으며, 민주 사회의 성숙한 시민으로 성장을 하기 위해 노력하고 있다. 그리고 지역사회와 학교를 연결하고, 학부모들의 성장을 돕기 위한 다양한 활동을 하고 있다. 학교 수업에 활용할 수 있는 방곡마을과 가동마을 이야기 지도도 만들었다. 20명의 아이와 함께 만든 소두방 마을을 모티브로 한 그림책 '솥깨비 뚜껑깨비'를 만들었다. 올해는 '연날리기'와 '멍때리기', '봉숭아 물들이기'와 같은 재미난 놀이를 기획하고 있다.

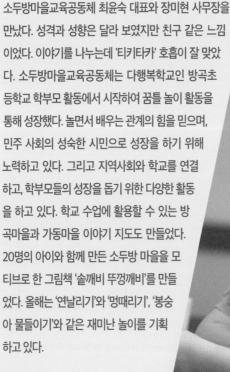

향기교회와 함께 4층을 공유하고 있습니다. 어떤 관계인가요?

최윤숙 _ 원래 이 자리엔 동부 로타리 클럽이 있었어요. 평상시 거의 사용을 하지 않아 사무실을 나눠 쓸 사람을 찾고 있었어요. 그래서 2년을 계약 하고 들어왔죠. 그게 재작년이었어요. 로터리 클럽은 한 달에 한두 번 올까 싶을 정도로 사무실에 나오지 않으셨어요. 덕분에 저희가 1/3 정도의 월세만 내고 사무실 전체를 사용하다시피 했죠. 저희가 2년 정도 사용했을 무렵 갑자기 로타리 클럽에서 사무실을 빼겠다고 하더라고요. 어떻게 해야 하나 고민하던 차에, 제가 다니고 있던 향기 교회에서 마침 임대로 있던 공간을 비워달라는 통보를 받고 공간을 알아보고 있던 중이었어요. 타이밍이 잘 맞았죠. 그래서 로타리 클럽이 나가고 향기교회가 들어오게 되었어요. 제가 다니는 교회 목사님이기 이전에 공동체 활동을 많이 지지해 주시던 분이었어요. 서로 결이 맞았다고 할까요. 어쨌거나 또 기생하게 되었어요. 이번엔 무료로요. 대신 큰 행사가 있을 때는 작지만 대관료를 드리고 사용하고 있습니다.

무료로 사용할 수 있는 거점공간이 있다니, 아주 큰 힘이 되셨겠네요.

장미현 _ 조심스러운 면도 있어요. 예전에는 적은 비용이었지만 일정 부분 월세를 내고 쓰는 상황이었고, 지금은 그렇지 않으니까 허물없이 막 사용하지는 못해요. 교회가 모이기를 힘쓰는 곳이라. 공동체를 운영하는 데 있어서 장점이 많겠다는 생각도 들고, 반대로 단점도 있을 것 같았어요.

최윤숙 _ 단점도 있죠. 배달강좌를 듣기 위해서 지원을 하면 장소가 교회라서 안된다고 해요. 종교단체에는 지원이 안 된다는 거죠. 교회는 단지 공간만 내어주는데도 말이에요. 공동체가 교회공간을 쓰는 경우가 드물다보니 '교회사람들 모임' 쯤으로 지레짐작하는 거겠죠. 배달강좌인데 자칫 '교회 사람들한테 혜택을 준다'는 오해를 살 수 있다는거죠. 소두방공동체가 교회와 무관함에도 공간을 같이 사용하고 있으니 외부에서는 교회 활동의 일환으로 바라볼 수 있겠다 싶어요.

소두방이 무슨 뜻인가요?

최윤숙 _ 소두방은 이 일대 주변 산자락이 솥뚜껑을 엎어 놓은 모양과 같다고 해서 붙여진 이름입니다. 이곳엔 소두방이란 이름이 많이 붙어 있어요.

공동체는 언제부터 시작했습니까?

장미현 _ 2020년부터 마을교육공동제 보조 사업을 시작했으니, 올해로 3년 차이고요. 처음에는 방곡초등학교 어머니들의 작은 모임이었어요.

최윤숙 _ 방곡초등학교가 다행복학교예요. 학부모들이 학교 동아리 활동을 열심히 하지만, 아이가 학교를 졸업하면 더 이상 학교 동아리와 연계한 활동을 멈춰버리는 경우가 대부분이에요 그동안 우리가 해왔던 좋은 프로그램을 계속해서 알리고, 그런 교육 문화가 주변으로 퍼졌으면 좋겠다는 생각에 첫 대표를 맡았던 김효정씨가 "우리 같이 공동체를 만들어 보자"고 제안했어요.

처음엔 배달강좌로 마을 역사에 대해 배웠고 배달강좌 수업이 끝난 후에 기장군 평생학습과 내에 정관도서관에서 하는 군민대학 과정에 '마을활동가' 과정을 개설해 달라고 요청했어요.

평생학습 배달강좌를 잘 활용하시고 있는 것 같네요.

장미현 _ 기장은 평생학습 강좌가 활발하게 운영되고 있어요. 그렇지만 그 수업만으로는 부족했죠. 더 많이 알고 싶고, 더 많이 활동하고 싶어 판을 키워야 하는 상황이었어요. 저희 요청으로 마을활동가 과정이 개설되었는데 마을활동가가 되려는 생각이 없으면 들어오기 쉽지 않은 강좌이다 보니 수강생 60% 이상이 우리 소두방마을교육공동체 활동가들이었죠.

최윤숙 _ 일반, 특별, 심화 과정을 포함해서 총 1년에 걸쳐 수업을 받았어요. 그때 평생학습과 함께 '소두방 보물지도'를 만들었죠. '소두방 보물지도'로 평생학습축제도 참가했는데, 마을을 설명하고 나서 아이들과 나무 연필을 만드는 체험을 했어요. 그 때는 소두방마을교육공동체란 이름을 사용하기 전이었고, 우리끼리 뭔가를 같이 해보려는 동아리 활동에 가까웠어요.

소두방교육공동체라는 이름으로 활동은 언제부터 시작했었나요?

장미현 _ 2019년 소두방교육공동체라는 이름으로 부산마을교육공동체 지원 사업에 참여했는데, 아쉽게도 떨어지고 이듬해인 2020년에 마을교육공동체로 선정되었어요. 다른 곳에서 저희가 해왔던 활동들을 얘기하면 다들 놀라워해요. 보통 마을교육공동체가 선정되면, 그때부터 역량 강화를 시작하는 경우가 많잖아요. 저희는 지원 사업과 상관없이 역량 강화를 해오다가 마을교육공동체로 선정이 되었으니까요.

학교와의 연계는 잘 되고 있습니까?

장미현 _ 2020년 소두방마을교육공동체 이름으로 부산시교육청과의 첫 사업을 하게되어 우리 모두 들떠있었어요. 방곡초등학교에서 마을교육공동체 활동을 한다고 생각하고 기획한 것이라 굳이 공간을 빌릴 필요도 없었어요. 그런데 코로나로 인해 학교가 문을 닫아버린 거예요. 사업은 땄는데 학교와 함께할 수 없으니 신땀이 났죠. 방법을 알아보던 차에 이곳에 자리가 났고, 계약을 했어요. 그 당시 처음 공동체를 시작한 네 사람이 만들었던 게 마을 역사지도에요. 1년 동안 마을교육공동체 역량 강화 활동으로 우리끼리 마을 역사 공부도 하고, 기장문화원에 계시는 역사학자이신 황구 선생님을 찾아가 자문을 받아 가면서 만들었어요. 방곡초 주변에 있는 역사적인 장소 네 곳을 담은 지도에요. 통 크게 활동지를 2천 장이나 만들었어요.

최윤숙 _ 2021년에도 코로나가 계속되면서 활동지라도 방곡초등학교 아이들한테 나눠줬으면 좋겠다고 생각하던 차에 제가 방곡초 학부모 회장이 되면서 방곡마을 이야기 활동지를 통째로 교무실에 가져다 두었죠. 교장 선생님의 혜안으로 방곡마을 이야기 지도를 가지고 3,4학년 수업을 하게 되었어요. 교육청으로부터 좋은 사례라는 평을 들었지만, 올해는 아이들 수업 연계로까지 이어지진 못했어요. 그리고 작년에 만든 '가동마을 이야기'로는 올 4월, 가동초등학교 교장선생님과 교육과정 부장님을 만났고 오는 9월 4학년 친구들과 함께 가동마을 이야기 지도를 가지고 마을 나들이 수업을 하게 되었어요.

마을교육공동체를 만나보면 학교의 문턱을 넘는 게 제일 힘든 과제인 듯합니다.

최윤숙 _ 학교 문턱이 낮으면 얼마나 좋을까 하는 생각을 많이 하죠. 다행복교육지구의 경우 다행복교육지원센터가 학교와 마을을 이어주는 역할을 하지만, 기장군은 다행복교육지구가 아니에요. 그러다 보니 저희가 학교마다 찾아가서 직접 뚫어야 하는 어려운 상황이죠. 학교도 선생님들이 자주 바뀌니까 쉽지 않아요. 우리를 지지해 주는 선생님도 계시지만, 이야기조차 못 꺼내 본 선생님도 있어요. 설사 우리 활동을 지지해 주는 선생님이 계셔도 교장 선생님이 움직이지 않으면 아무것도 할 수가 없어요. 그런 과정 속에서 우리의 부족한 부분을 되돌아보고 "우리의 활동을 좀 더 수준 높게 만들어 학교와 연계해야 겠구나"하는 생각도 하죠.

장미현 _ 공동체 초장기에는 대부분 전래놀이가 활동의 중심이었어요. 코로나가 한참 기승을 부릴 때는 대면 접촉을 할 수 없으니, '그렇다면 비접촉으로 프로그램을 만들면 되지'하는 마음으로 비접촉 전래놀이를 만들었어요. 기획서를 써서 반송중학교에 제출하게 되었고, 수업으로 연결이 되었어요. 반응이 좋아 그다음 해도 연락이 왔는데, 이번엔 한 개 반이 아니라 학년 전체를 맡아 달라는 거예요. 그 외에도 중간 중간 학교와 하는 활동이 많았어요.

마을의 역사 이야기를 한눈에 볼 수 있는 활동지를 잘 만드시는 것 같아요.

상미현 _ 방곡마을 이야기 지도는 2020년에 만들어서 2021년에 수업을 했고, 2021년에는 가동마을 이야기 지도도 만들었어요. 방곡마을 이야기 지도를 만든 첫해는 만드는 것 자체가 좋았고, 그다음

해는 만든 것을 실제로 사용할 수 있어서 좋았죠. 그래서 올해도 아이들과 함께 방곡마을 나들이 활동에 할 수 있기를 기대를 했는데, 교사 브리핑으로만 끝이 나서 여러모로 아쉬워요. 가동 마을 이야기 지도는 방곡마을 이야기 지도를 만든 경험이 한번 있어서 쉽게 만들었어요.

소두방 마을 이야기를 담은 그림책 '솥깨비 뚜껑깨비' 이야기도 해주세요.

최윤숙 _ 소두방 마을 이야기를 담은 창작 동화인데 스무 명의 아이들이 직접 그림을 그렸고, 엄마들이 이야기를 더했어요. 우리끼리 흔히 말하는 '텐투텐'를 했죠. 아침에 모여서 방곡마을 이야기 지도를 따라 동네를 한 바퀴 돌고, 점심 먹고 그림 그리고, 같이 놀고 저녁을 먹고 또 그렸죠. 아이들이 그린 그림은 좋은데 엄마들은 전문가가 아니다 보니 내용을 보면 조금 매끄럽지 못한 부분들도 있어요. 이야기가 흥미롭거나 뛰어나지는 않지만, 아이들과 함께 애써 만든 책이어서 저희에겐 그 자체로 의미가 있어요.

마을 이야기 지도처럼 한 번 만들고 나면 다음 작업이 좀 더 수월하듯, 새로운 동화책이 나오는 것도 어렵지 않겠어요.

최윤숙 _ 올해는 각자 새로운 이야기를 가지고 해보자고 준비하고 있어요. 작년에 우리끼리 책을 만들었다는 사실만으로도 설레서 책을 들고 기장군청에 찾아갔죠. 군수님을 만나 출판 요청을 드렸어요. 그랬더니 기장군 공동체 사업으로 해보자고 하셔서 올해는 기장군 공모사업 지원비를 받아 활동하고 있습니다.

소두방교육공동체의 핵심 키워드는 무엇일까요?

장미현 _ 과거의 역사 교육이 거대 담론 속에서 내가 위치한 곳을 알려주는 방식이었다면, 지금은 내가 선 자리에서 마을, 지역, 그리고 우리나라, 세계를 바라보는 방식이 아닌가 생각해요. "내가 서 있는 곳도 잘 모르는데 어떻게 세계로 나아가겠는가"하는 게 우리 엄마들의 마음이었고, 그런 마음으로 활동하니까 아이들도 내가 살고 있는 마을에 대한 자긍심을 갖게 되는 것 같아요.

활동가로서 어떤 고민이 있습니까?

최윤숙 _ 시간이 지나면서 공동체가 더 단단해지고 실질적인 활동을 할 수 있는 사람들이 많아지면 좋겠는데, '그냥 참여만 해보지 뭐' 하는 사람들이 대부분이라 고민이에요. 열심히 활동하다 보면 재미를 붙이고 실력이 늘 때가 올 텐데, 아직 마을교육공동체 활동이 주는 보람을 모르기도 하고, 또 요쯤은 다들 소극적인 실속주의자가 많아서인지 돈 안 되는 일은 잘 안 하려는 경향이 있죠. 그리고 열심히 활동하던 사람이 어느 순간 힘이 빠지는 경우도 걱정이고요. 공동체를 네사람이 시작했지만 지금은 두 명만 남았기 때문에 그런 면도 있을 거예요.

공동체 역량 강화는 어떻게 해 왔습니까?
장미현 _ 첫해는 사업을 따내는 게 중요해서 여기저기에 제안서를 많이 넣었어요. 넣을 수 있는 곳은 다 넣었죠. 2년 차에 접어들면서 개인적인 사정으로 함께 했두 사람이 빠져나가고 두 사람만 남

게 되었어요. 그때 마음 앓이를 많이 했죠. 누군가가 공동체에 와서 잘 지내다 어떤 이유로든지 나가는 게 꼭 내 탓처럼 느껴졌어요. 공동체 활동을 계속해야 하나 말아야 하나 하는 회의감도 들었죠. 그래서 2년 차에는 '민주시민교육'을 타이틀로 잡았어요. 감정을 최대한 배제한 상태에서 협의와 토론을 하는 분위기를 만드는 데 치중하면서 계획을 세웠어요. 사람 감정이 쉽게 컨트롤 되는 건 아니지만 조금은 제가 의도한 대로 되었던 것 같아요. 3년 차가 되면서 기본은 갖춰졌다고 생각하고, 요즘은 미디어 교육과 같이 실용적인 면에 역량을 키우는 데 중점을 두고 있어요. 요즘 학교에서도 미디어 없이는 교육이 어려워요. 우리 스스로 결과물을 만들기 위해 영상을 찍거나 편집하는 부분이 부족하다는 것을 잘 알기에 결과물을 만드는 역량 강화를 위해 노력하고 있어요.

공동체를 하면서 보람이 있다면요?

최윤숙 _ 우리가 무슨 사업을 하던 사람도 아니었고, 집에서 아이 키우는 평범한 엄마들이었어요. 그런데 사업을 계획하고, 기획서를 만들어 지원하고, 선정되는 것 자체가 자랑스러운 일이었어요. 그리고 저는 누가 판을 깔아준다고 해서 나서서 말을 하는 성격이 아니었어요. 그런데 3년 동안 공동체 활동을 하면서 이제는 나서는 사람이 되어 버렸죠. 어떤 어려운 상황에 처하거나, 문제를 해결해야 하는 상황에 처해도 잘 할 수 있겠다는 생각이 들고요. 좋은 방향으로 행동하고 뭔가 만들어내는 걸 아이들한테 보여주는 것 자체도 교육이잖아요. 저는 '공동체 활동을 통해 좋은 시간을 보내고 있다'고 생각하고 그게 자랑스러워요.

장미현 _ 공동체 활동을 해보면 결국엔 제가 성장하더라고요. 그래서 움직이는 거고 제가 성장하고 있다는 점이 가장 즐거운 일이죠.

공동체를 통해서 이루고 싶은 꿈이 있다면?

최윤숙 _ 처음부터 큰 생각 없이 시작했기 때문에 큰 꿈을 갖고 있지는 않아요. 제가 극성스럽게 아이들을 챙기는 편도 아니에요. 하지만 '마을교육공동체 활동을 하면 우리 아이들도 공동체 속에서 함께 커 가겠다'는 생각을 했어요. '주위에 있는 아이들이 잘 커야 내 아이도 잘 큰다'라는 생각이 있었죠. 그런 생각을 가진 사람이 점점 많아지고, 참여하는 이들이 많았으면 좋겠는데 그게 쉽지않아요. 마을 사람들이 서로를 잘 알고, 잘 지내는 마을을 만들고 싶은데 그냥 아는 사람만 모이는 소규모 모임에 머무르고 있는 것은 아닌지 고민이에요.

방곡초등학교는 다행복교육이 정말 잘 되고 있어요. 도서관 활동 중에 학부모들이 아침에 책을 읽어주러 가는 날이 있는데, 자기 아이가 있는 반은 절대 안 들어가요. 매주 책 읽어주는 엄마들이 20여

명 되지만 모두 자기 아이가 없는 반으로 들어가죠. 학교에서 봉사 활동을 하더라도 옆에서 보조 수준이 아니라 프로그램을 기획해서 직접 수업을 해요. 학교에 가면 아이들이 "책 엄마다" "놀이 선생님이다"하고 말할 정도로 다 알고 있는 그런 분위기에요. 저는 이러한 교육 방식이 다른 학교에도 자연스럽게 퍼졌으면 좋겠어요.

끝으로 하고 싶은 말이 있다면?

최윤숙 _ 그림책 출판을 기획하고 있어요. 활동가들이 각자 뭔가 기획해서 만들어보는 경험을 해보게 하기 위함이에요. 다들 모여서 뭘 하다 보면 서로 배려하느라 맘에 들지 않아도 아니라고 말을 못하는 경우가 많아요. 방곡마을 이야기 활동 지도의 경우 네 명이 만들었어요. 다른 활동가들은 여러 가지 이유로 참여를 못 했어요. 시간도 없어서 "우리끼리라도 만들어보자"고 해서 만들었지만, 이제는 다른 활동가들도 직접 만들어 볼 수 있도록 "이것 좀 부탁해"라고 하고, 우리는 옆에서 도와주는 역할을 하려고 해요. 동화책이 출판되고나면 다들 "내가 이걸 만들었다"고 "이런 걸 우리가 만들었다"면서 너무 좋아해요. 여러 개를 준비해서 "이 모양이 어때, 저 모양이 어때" 하고 물으면서 진행하는 게 훨씬 시간이 오래 걸리지만, 스스로 "이게 더 나은 것 같아"라고 선택할 수 있어야 참여도가 높다는 생각이 들어서 시간이 걸려도 굳이 물어보면서 진행하는 거죠.

그리고 다른 공동체들은 공동체를 유지하기 위해 어떤 노력을 하는지 궁금해요.. 제가 대표를 맡고 있지만 자연스레 다음 대표로 넘어가는 것을 생각해야 하고, 지속성을 어떻게 가질 수 있을지 고민이 많아요. 지속성을 가져려면 더 많은 어떤 것을 제시해야 하는지, 어떤 교육을 해야 하는지에 대한 고민들이죠. "내가 안 한다고 하면 여기서 공동체가 없어지는 건가", "우리가 열심히 한 3년이 모래성이었나" 하는 생각도 들어요. 오래 유지되는 공동체들은 어떤 비결이 있는지 이야기를 많이 들어봤으면 좋겠어요.

장미현 _ 저는 부산진구로 이사를 하게 되어서 올해까지만 하고, 소두방교육공동체 활동을 정리해야 해요. 그런데 3년이나 유지해 온 소두방마을교육공동체가 지속되지 못할까봐 걱정이 많아요. 그래서 "사업이라도 해야 하나" 아니면 "돈벌이가 되는 뭔가를 만들어야 하나"하고 공동체의 지속성을 유지시키기 위한 생각을 자주 해요. 예전에 교구를 월급처럼 받은 게 있는데, 꽤나 비싼 교구들이에요. "그것을 썩히느니 교육 계획안을 만들어 돈벌이를 해야 하나"하는 생각도 하고 있어요. 주위에서 볼 때 우리가 하는 일이 힘들게만 보이나 봐요. "돈도 안 되는 일을 왜 하지?"하는 말을 너무 많이 들어요. 자신이 좋아서 해야 하는데, 수익성을 생각하는 누군가에게 공동체 활동을 하자고 설득하기가 힘들어요. 마음을 같이 하는 사람들이 많이 모이면 좋겠어요.

남구 유엔평화로에 위치한 신나요도서관에서 부산남구마을교육공동체네트워크 안소희 대표를 만났다. 신나요도서관은 책으로 사람을 만나며, 독서 소외 계층이 없이 누구나 쉽고 편리하게 책을 읽을 수 있는 건강한 독서문화생태계를 이루어가는 곳이다. 안소희 대표는 오랫동안 마을 일을 해온 활동가답게 나지막하고 차분한 어조로 조곤조곤 공동체의 이야기를 들려주었다. 부산남구마을교육공동체네트워크는 부산 남구 지역의 공동체와 주민들이 모여 만들었다. 5년 차 공동체로 처음 3년간은 마을의 사랑받는 공간 '신나요도서관'을 거점으로 활동했고, 지금은 모모 부산마을교육협동조합이 중심이 되어 활동 하고 있다. 마을이 연대하여 아이를 키우고, 아이와 함께 어른도 함께 성장하는 마을교육공동체를 만들어 가고자 하는 중심에 부산남구마을교육공동체네트워크가 있다.

부산남구
마을교육공동체
네트워크

안소희 대표

남구

2017년 12월 신나요도서관이 만들어졌습니다.
부산남구마을교육공동체네트워크와는 어떤 관계를 맺고 있나요?

부산남구마을교육공동체네트워크는 부산남구공동육아사회적협동조합 꿈샘어린이집, 오륙도아이쿱소비자생활협동조합, 무지개 발도르프킨더가르텐, 부산발도르프학교, 부산자유발도르프킨더가르텐, 용당초학부모동아리 좋은이음이 함께 출범시킨 단체예요. 공동육아 어린이집이나 유치원, 대안학교, 생협 조합원, 그리고 다행복학교 학부모님 등 각자의 분야에서 10년 이상 꾸준히 활동해오던 기관과 단체들이죠.

'이슈 파이팅'만 하는 조직이 아니라, 구체적인 단체를 운영하며 자립과 자치를 이루고 있는 곳이에요. 물론 다행복학교 학부모 동아리는 조금 다른 개념이기는 합니다만. 뜻을 같이하는 여러 단체가 모여서 "마을에 필요한 게 뭘까?"하고 고민하고 시작한 게 '신나요도서관●'이에요.

바로 다음 사업으로 이어졌나요.

신나요도서관을 만들면서 다양한 활동을 해보니 '방과 후 프로그램이 있으면 좋겠다'고 해서 방과 후 프로그램이 만들어졌고, '아이들이 편하게 들락날락할 수 있는 조금 느슨한 방과 후 프로그램이 있으면 좋겠다'고 해서 2020년 7월 '신나요 놀이센터'가 만들어지게 되었어요. 신나요 놀이센터는 신나요도서관 맞은편 건물에 있어요.

여러 단체가 각자의 단체를 운영하기에도 바쁠 텐데,
공동의 단체까지 만들어 운영한다는 게 쉽지 않아 보입니다.

그렇죠. 그렇지만 각 단체가 숨 가쁘게 지내던 시절이 지나고, 조금 자리를 잡았을 때 자연스레 네트워킹에 대한 요구나 필요를 모두가 공감하게 되었던거죠. 좋은 일을 하고자 모인 의미도 있었지만 '혼자서는 해결할 수 없는 일이라도 함께 하면 가능하지 않을까?'하는 생각이 모여 만들어졌다고도 할 수 있어요.

도서관을 운영비용은 어떻게 마련하시나요?

개관할 때를 제외하고는 외부의 지원이 거의 없는 편이에요. 최소한의 활동비는 후원금으로 충당하고 있고, 평소 도서관 관리는 자원봉사로 운영되고 있어요.

부산남구마을교육공동체네트워크의 활동가들은 각 단체 소속의 활동가인가요,
아니면 단체와 별개로 움직이는 활동가들인가요?

둘 다의 성격을 모두 가지고 있어요. 모모부산마을교육협동조합은 아이부터 성인까지 교육을 할 수 있는 협동조합이죠. 요즘은 지역 주민들과 함께할 수 있는 프로그램을 발굴하고, 함께하는 내용으로 확장하려고 노력하고 있어요.

부산남구마을교육공동체네트워크란 이름으로 활동하는 활동가들은 몇 명 정도 될까요?

마을교육공동체가 마을을 베이스로 하고 마을과 연계한 연대 교육을 지향하는 그룹이라고 한다면, 굳이 하나로 엮지 않아도 기관 한 곳 한 곳이 마을교육공동체의 성격을 가지고 있어요. 각 기관의 운영이나 활동을 담당하는 사람들을 모두 합한다면 그 수가 엄청나겠죠.

마을교육공동체가 '교육기관과 함께 성장해 왔다'라고 했을 때 두 가지 성격을 갖게 되는 것 같아요. 교육활동으로서의 성격과 마을운동으로서의 성격. 무엇보다 우리 동네에 12년제 대안학교가 있어서 규모가 클 수밖에 없어요. 대안학교에 소속돼 있는 학생 수가 백 명이 넘는데, 4인 가구를 기준으로 보더라도 몇백 명 이상이 공동체와 관련이 있는 셈이에요. 유치원도 약 20가구 정도이고, 운영해 온 기간이 10년이 넘었으니 졸업생도 많을 테죠. 학부모 동아리도 마찬가지고요. 성격이 약간 다를 수 있지만 오륙도아이쿱소비자생활협동조합도 우리 마을에 있고, 마을 모임 중심으로 본다면 모두가 활동가에 포함될 수 있겠죠.

각각의 개성이 뚜렷한 단체가 신나요도서관을 함께 운영하는데 어려움은 없으신가요?

각각의 사람들이 여기도 속하고 저기에도 속해 있다 보니 그런 일들이 있을 법 하겠지만 부산남구 마을교육공동체네트워크는 어떤 조직이 중심이 된 게 아니라 사람 중심으로 준비를 하고 모였어요. "도서관을 만들고 싶은 사람들 모여라"고 해서 완전히 별도의 조직으로 출발을 했기때문에 각 단체의 성격이 드러나는 부분이 적었던 것 같아요. 만약 특정 기관이 주축이 되는 사업이었다면 다들 "그곳에서 하는 일인데 우리가 왜 도와야 해"라는 생각을 할 수도 있었겠죠. 그리고 각 단체들이 생협 활동이나 부모 교육을 하면서 자주 만나왔고, 공동으로 축제도 한 번씩 열기도 했었어요. 그 활동가들 중에서 마을에 도서관이 있었으면 좋겠다고 생각하는 몇몇이 모여 만들었다고 할 수 있어요.

부산남구마을교육공동체네트워크는 거점이 신나요도서관이어서,
독서나 글쓰기 등이 주요 프로그램인가요?

꼭 그렇진 않아요. 저희가 올해로 5년 차 부산마을교육공동체 지원사업을 하고 있는데, 처음 3년은 신나요도서관이 중심 역할을 했다면 지금은 모모부산마을교육협동조합(이하 모모로 많이 넘어갔어요. 신나요도서관에서 인큐베이팅해서 모모로 넘어갔다고 할 수 있죠. 네트워크 이름으로 활동하지만 모모가 주축이 되어서 활동하기 때문에 프로그램이 독서나 글쓰기에 국한되지는 않아요.

부산마을교육공동체 5년 차입니다. 어떤 어려움이 있을까요?

학교와의 연계, 저희가 5년 차임에도 불구하고 생각보다 학교와는 활발한 연계활동을 하지 못했어요. 민간 영역에서 단독으로 학교의 높은 벽을 뚫기엔 한계가 있어요. 학교 운영이 어렵고 힘든 건 알지만 교육을 변화시키는 주체로서 선생님들이 좀 더 마음을 열어 주시면 좋겠다고 생각해요.

활동하면서 기억에 남는 에피소드가 있으면 들려주세요.

아이 돌봄이 자연스럽게 마을에서 이루어지면서 부모님들의 삶이 질이 바뀌었다고 하세요. 학원에 보낼 수도 있지만, 믿을 수 있는 사람들이 운영을 하고, 프로그램을 아이들이 좋아해서 건강하게 성장하니까 부모님들이 좀 더 자유로워졌다는 얘기를 자주 들어요. 그리고 2017년 도서관을 개관했을 때 일이었어요. 바로 옆 석포여중 친구들이 휴지를 사 들고 온 거에요.. 개업식에 오듯이 말이죠. '문 닫지 말아요' 하고 방명록에 쓰고 갔는데, 그 친구들이 보기에도 오래 못 가고 문 닫게 생겼었나 봐요.

신나요도서관과 기존 공공도서관의 차이가 있다면요?

신나요도서관만의 정체성이라기보다는, 작은도서관 경우 생활밀착 도서관으로 집에서 걸어서 15분 거리 이내의 접근성을 기본으로 해요. 그리고 도서 서비스의 기능도 있지만 그것만큼 중요하게 여기는 것이 커뮤니티, 만남의 기능을 꼽을 수 있어요. 도서 서비스를 비교하자면 작은도서관이 공공도서관을 당해낼 수 없겠죠. 지역 이용객들의 이해와 요구를 좀 더 깊이 파악해서 다양한 프로그램을 개발할 수 있다는 점이 작은도서관의 장점으로 꼽을 수 있어요. '작은'을 띄어 쓰지 않고 굳이 작은도서관이라는 고유 명사로 사용하는 것도 그 자체가 작은도서관이 갖는 지향성을 드러내는 것이죠.

신나요도서관은 남녀노소 모두에게 열려있는 공간인가요?

네. 무료로 누구나 이용할 수 있어요. 그렇지만 엘리베이터가 없는 건물 3층에 있다 보니 휠체어를 탄 장애인이나 어린아이들에게도 열려 있다고 말하기는 어렵습니다.

보통의 마을교육공동체의 경우 초등학생을 대상으로 한 활동이 많은 데 신나요도서관은 중고생을 대상으로 하는 이유가 있으신가요?

'으랏차차 방과후●'나 '신나요놀이센터'에서 초등학생 돌봄과 관련된 많은 부분을 가져갔어요. 그래서 부산시교육청 사업은 "청소년 중심으로 한번 해보자"고 해서 준비하게 되었어요.

> ● **으랏차차 방과 후**(남구 다함께돌봄센터는 2019년 8월 문을 열었다. 으랏차차 방과후는 소득수준과 관계없이 모든 아동이 이용할 수 있는 보편적 복지시설로, 하교 후 돌봄 사각지대에 놓인 초등학생(만 6~12세)을 위해 설치·운영되고 있다. 으랏차차 방과후는 쉼, 놀이, 관계 형성을 통해 아이와 부모가 함께 자라는 공동육아 교육철학에 뜻을 같이한 학부모들이 조성한 남구공동육아사회적협동조합에서 위탁·운영하고 있다.

마을교육공동체로서 앞으로의 꿈이 있다면요?

'요람에서 무덤까지 이어지는 마을 교육을 하자'는 계획을 가지고 있어요. 흔히 마을교육공동체는 아이들이 학교를 다니기 시작해서 고등학교 졸업할 때까지의 교육을 이야기하는데, 마을교육공동체는 교육공동체이기도 하고, 동시에 마을공동체이기도 해요. 마을에서 좀 더 풍요로운 삶을 살기 위해선 의식주와 같은 공동 문제들에 관해서도 관심을 갖고 해결해 나가야 한다고 봐요. 우리 마을에는 주거공동체 '일오집', '모여가' 등이 있고, 12학년제의 대안학교인 부산발도르프학교도 있어요. 아이 키우는 것은 어느 정도 틀이 잡혀 있다고 생각하는데, 문제는 그 이후에 펼쳐지는 청년 문화가 뻥 하니 비어 있어요. 청년들이 돌아와도 일자리가 없고, 일자리라고 해봐야 교사 밖에 없는 상황이라 마을 안에서 일자리를 만드는 것도 숙제예요. 그리고 활기찬 노년을 위한 여가 활동이 아직 없어요. 시간이 걸리겠지만 앞으로 노년을 위한 프로그램도 만들어 나가려고 해요. 경제적으로 여유롭지 않더라도 행복하게 살아갈 수 있는 마을이 되면 좋겠다는 꿈을 가지고 있어요.

이진경 대표 **이바구맘스**

이바구맘스 이진경 대표를 동구 산비탈 도로 옆 작은 공간에서 만났다. 이바구맘스는 숲 놀이, 독서 놀이, 역사 문화놀이, 지역 축제 운영 등과 같은 활동을 주로 한다. 모토가 '무조건 놀자'다. 이마구맘 스는 전용 거점공간은 없지만 매년 동구청에서 공간지원을 받고 있다. "거점 공간이 없어서 불편하 겠다"는 말을 종종 듣지만 "6개월이나 1년 단위로 장소를 바꾸는 것도 나쁘지 않다"며 별다른 불편 함을 느끼지 않는 듯하다. 올해 5월 동구 마을교육공동체들과 함께 마을 축제 '동구야 놀자'를 기획 하였는데 호응이 좋아 동구청의 요청으로 6월에 한번 더 열린다. 지난해 운동회를 처음 열었고, 올 해는 더 재미있게 펼칠 다양한 계획을 세우고 있다.

마을교육공동체 활동을 하게 된 계기가 궁금합니다.

2019년 동구다행복교육지구 사업으로 학부모 서포터즈 모집 공모가 있었어요. 그때 학교 수업에 놀이단 활동 보조 강사로 참여했던 것이 계기가 되었어요. 2020년 마을교육공동체 공모사업에 선정된 초록우산 부산종합사회복지관에서 공동체 회원을 모집하고 있었고, 동구다행복교육지구 장학사님의 권유로 대표가 되었어요. "내가 잘 할 수 있을까"하는 염려가 있었지만 "초록우산에서 잘 도와주겠지"하는 가벼운 마음으로 시작했어요. 동구는 내가 5살 때부터 지금까지 살고 있는 곳이죠, 내고향이고, 아이들도 여기서 발붙이고 살아갈 곳이니까 동구가 잘 되었으면 좋겠다는 생각이 있어요. 더 나은 삶을 위해 "동구 밖으로 나가자"가 아니라 "동구에서 잘 살아 보자"는 마음이랄까요.

이바구맘스는 주로 어떤 활동을 하나요?

숲 놀이, 독서놀이, 역사 문화놀이, 지역축제 참여가 주된 활동입니다. 그리고 우리 모토는 '무조건 놀자'입니다. 아이도 놀고, 어른도 놀고, '즐거워야 한다'는 생각입니다. 숲에서든 어디서든 노는 활동을 주로 합니다. 책을 가지고 할 때도 읽고 토론하기보다는 즐겁게 책으로 놀 수 있게 해주려고 해요. 처음에는 아이들이 소극적이었는데 지금은 "언제 또 해요"하고 물어 볼 정도에요. 지난해까지는 다양한 놀이 체험을 해보자는 데 초점을 맞췄다면 올해는 마을의 역사를 알아보는 활동을 해보려고 해요. 언제나 그렇듯이 거창한 역사 공부가 아니라 가볍게 동네 알기를 하려고 해요. 다른 마을교육공동체에서 동네 역사와 연관된 활동을 많이 하고 있는 것이 늘 부러웠어요. 동구에는 역사적인 장소나 이야기들이 많으니까 꼭 해보고 싶더라고요. 동구 지역의 역사를 아이들이 하나라도 제대로 알았으면 좋겠다는 마음으로 준비하고 있어요.

그리고 올해, 동구 마을교육공동체 '수정꿈터'와 지역 주민들이 참여 할 수 있는 지역 축제를 상반기와 하반기에 한 번씩 할 계획을 세웠는데, 상반기에만 두 번이나 할 것 같아요. 지난 5월 처음 했는데, 구청에서 와서 보고 깜짝 놀라더라고요.

축제에 대한 이야기도 들려주세요.

축제 이름이 '동구야 놀자'예요. 부산진역앞 시민마당에서 열었어요. 동구청에서 많이 도와줬죠. 시민마당에 천막을 설치하고 벼룩시장, 먹거리와 체험부스로 나눠 운영했어요. 5월 축제가 끝나고 "한 번더 해줄 수 있냐"고 동구청에서 요청이 들어왔어요. 운동회도 지난해에 처음 시작했어요. 코로나 방역수칙으로 인해 마음먹었던 것을 다 하지 못해서, 올해는 더 다양한 프로그램으로 재미있게 하고싶어요.

함께하는 아이들의 연령대가 다양하나요?

다양한 연령대가 참가하고 있어요. 활동의 중심은 초등학생이지만 유치원생도 있고, 중고등학생도 있어요. 지난 축제 때 플리마켓 운영을 중고등학생들에게 맡겼어요. 작년 운동회 때도 부스별로 역할을 줬는데 큰 힘이 되었어요. 아이들도 뿌듯해했고요. 그래서 중고등학생을 대상으로 한 동네 역사 이야기 프로그램 운영을 해볼까 구상하고 있습니다. 저는 초중고를 다니는 아이들이 있어요. 아들이 고등학교 2학년과 중학교 3학년, 초등학교 6학년 딸이 있어요.

저에게 '쿵'하고 와 닿았던 건 대천마을이었는데, '그곳에서 자란 아이가 다시 돌아와서 일을 한다'는 이야기를 듣고서 이거구나 싶었어요. 그게 바로 제가 꿈꾸는 마을교육공동체의 모습이에요. 아이들이 성인이 되었을 때 마을을 위해서 뭔가를 할 수 있도록 환경을 만들어 주는 게 엄마들이 이루고 싶은 꿈이죠. 아이들이 타지역으로 대학을 가더라도 방학 때 찾아와서 "자원봉사 하러왔는데 제가 할 게 없을까요?" 하고 얘기해 주면 정말 뿌듯할 것 같아요.

학교와의 연계는 어떻게 하시나요?

동구의 마을교육공동체는 운이 좋은 것 같아요. 동구다행복교육지원센터에서 많이 도와주셨어요. 동구다행복교육지구 담당자였던 장민경 장학사님이 판을 잘 깔아주고 가셨죠. 그 판이 아이들하고 노는 놀이단이었어요. 정식 명칭이 '어울림 평화 놀이.' 협동조합에서 선생님들이 학교로 오셔서 '오징어 달구지' '무궁화꽃이 피었습니다', '여우술래잡기' 등 아이들하고 도구 없이 노는 프로그램을 운영했어요. 처음에는 저희 아이들이 노는 모습을 보고 싶은 마음에 멋모르고 보조강사로 참여했던 게 인연이 되었어요. 그렇게 학교와의 첫 연결고리가 만들어졌어요. 지금은 동구에 있는 대부분의 초등학교에서 놀이단 활동을 하고 있어요. 학교 텃밭도 그래요. 학교에서 텃밭을 운영하면서 보조 강사를 모집했는데 어머니들이 보조 강사로 들어갈 수 있었어요.

오늘 오전에 제가 듣고 온 교육이 동구다행복교육지구 사업인 '이바구 탐방쌤'이에요. 동구를 알리는 여러 가지 코스가 있는데 그중 하나를 신청하면 *이바구 탐방쌤이 와서 아이들한테 설명해 주는 프로그램이에요.

> *이바구 탐방쌤은 부산 동구의 다행복교육지구 사업으로 '동구 마을교육활동가(이바구쌤 양성과정 프로그램이다. 마을 교육활동가 양성과정은 전문분야별로 동구의 역사를 문화 현장학습을 통해 배우는 이바구 탐방 프로그램의 해설사로 활동할 수 있는 '이바구 탐방쌤', 학생과 주민 대상으로 다양한 놀이 수업을 진행할 수 있는 '이바구 놀이쌤', 동구 다행복교육지구 각종 프로그램 운영을 지원해 주는 '다행복코디쌤'으로 나누어 진행한다.

동구다행복교육지구와 마을공동체가 협력이 잘 되고 있는 것 같습니다.

동구청에 "엄마들이 놀이나 역사 지도를 할 수 있도록 전문적인 연수 과정을 밟을 수 있게 도와 달라"고 건의했는데, 긍정적 답변을 주셨어요. 동구는 어느 곳보다도 '민관학 거버넌스'가 잘 구축되어 있지 않나 하는 생각이 들어요."

이바구맘스는 거점공간이 없는데 불편한 점은 없으신가요?

저희가 독점하는 거점공간은 없지만, 수업하기 위한 공간을 구청에서 나서서 여기저기 뚫어주세요. 지난해까지는 '부산YMCA'에서 수업을 했었어요. 올해는 *동구다(多가치사회적경제현장지원센터' 공간을 열어 줘서 매주 토요일마다 독서 수업을 하고 있어요. 역사 수업은 동구진로체험센터에서 할 예정이에요. 구청에서 진짜 많이 도와주세요. 어려움을 이야기하면 정말 '뚝딱' 해결을 해 줘요. "거점공간이 없어서 힘들겠다"는 말을 종종 듣는데, 공간을 자주 옮겨 다니면 불편한 점도 있지만, 6개월이나 1년 단위로 장소를 바꿔가며 새공간에서 프로그램을 운영하는 것도 나쁘지 않은 것 같아요.

> *동구 다(多가치 사회적경제현장지원센터(약칭 동구 다가치센터는 2020년 10월 6일 한국방송통신전파진흥원 부산본부 602호(초량중로 29에 오픈했다. 주요사업은 사회적경제기업 육성 및 청년 창업 등 청년 활동 지원과 한국방송통신전파진흥원과의 상생협력사업 개발 추진, 원도심 도시 문제 시민 중심 해결 방안 포럼, 세미나 등을 개최하고 있다.

공간이나 공동체 운영비에 대한 부담을 덜 수 있다는 장점도 있겠습니다.

부담이 적은 건 사실이에요. 연회비 5만 원 정도를 냅니다. 그 비용은 주로 모임에 참석하는 분들의 찻값으로 나가죠. 정기 모임은 매달 넷째 주 금요일 저녁에 가져요. 한 달에 한 번 정도. 플리마켓과 같은 행사가 있을 때는 행사 전에 한 번 만나고, 끝나고 또 한 번 만나는 정도예요.

활동가는 몇 분 정도 되나요?

회원은 30명이 넘지만, 놀이단이나 이바구 탐방을 위해 활동하는 분들이 대여섯 명 정도예요. 새로 참여하겠다는 분도 네다섯 명 있고요. 지난해 놀이단 연수를 수정꿈터와 마을 사서분들과 같이 들었는데, 연수를 받고 놀이단으로 활동을 하는 분들이 열 명 이상인 것 같고, 올해 신규 회원을 포함하면 스무 명 안쪽인 것 같아요.

마을교육공동체를 운영하면서 바뀐 게 있습니까?

성격이 좀 바뀌었어요. 보기와 달리 제가 앞에 나서는 것을 좋아하지 않는데. 일하다 보니 누군가는 나서야 하고, 그렇게 하다보니 이 자리까지 오게 되었죠. 그냥 이렇게 공동체가 만들어져서 잘 돌아가는 것 자체가 행복해요. 활동하는 분들도 많이 늘고…. 그런 뿌듯함이 있어요.

마을교육공동체를 운영하면서 보람 있거나 기억에 남은 일이 있다면?

마을교육공동체 3년 차예요. 첫해는 초록우산 부산종합사회복지관에서 사업을 꾸렸는데, 그때는 그냥 따라만 갔다고 할 수 있어요. '물총놀이'라든지 자체적으로 프로그램을 기획하면서 모양새를 갖추기 시작한 것은 지난해부터라고 할 수 있어요. 활동 프로그램을 기획하면서 중고등학생들에 대한 생각이 많아졌어요. "초등학생들은 뭘 해도 즐거워하지만, 중고등학생들한테 어떤 즐거움을 줄 수 있을까"하고요. 행사 때 서로 짝을 지어서 아이들을 돌보게 하는 역할을 맡겼는데, 생각보다 아이들이 좋아했어요. 저희 단체에 초등학교 6학년 장애 아동이 한 명 있는데, 짝을 지어준 중학교 3학년 아이가 정말 애써서 돌봐주는 거예요. "나 그 아이 보러 다음에 또 갈게요" 하면서 시험 기간인데도 불구하고 오겠다는 거예요. 활동하면서 "다음에 또 언제 해요?" 라는 아이들의 후기가 올라올 때 보람을 느껴요.

'물총놀이'는 어떤 활동인가요?

산에서 그냥 신나게 하는 물총놀이예요. 애들이 물총놀이 또 언제 할 거냐고 해서 7월에 일정을 잡아놨어요. 초량 구봉산에 위치한 '치유의 숲'에서 진행해요.

거점마을교육공동체로서 어떤 역할을 수행하고 있습니까?

지난해에도 우리 공동체가 거점마을교육동체였어요. 그때는 잘 몰랐는데, 1년이 지나고 보니 조금 알 것 같아요. 지난해 동구의 마을교육공동체가 두 곳뿐이었는데 "둘이서 사이좋게 잘 해봐라"는 게 거점의 역할이 아니었나 싶어요. 그렇지만 아직 연차도 얼마 안 되고, 잘할 수 있을까 걱정도 돼요.

거리 문화공간 토닥동

동래구 충렬대로가 펼쳐진 골목 교차로에 위치한 토닥동래마을교육공동체에서 임은경 대표를 만났다. 토닥동래마을교육공동체는 "마을교육공동체 공간으로 이만한 곳이 없다"고 느껴질 만큼 초등학교가 있는 골목에 자리하고 있다. 토닥동래마을교육공동체는 아이들의 일상의 삶이 이루어지고 있는 마을의 역할을 고민하던 지역문화예술 활동가와 학부모들에 의해서 결성되었다. 마을의 교육적 기능과 돌봄 기능을 회복시켜 아이들의 삶과 교육이 안전하고 즐거울 수 있도록 마을교육생태계 조성을 목적으로 하고 있으며, 마을 주민, 학부모가 인적, 물적 자원이 되어 마을에서 교육적 인프라와 자원을 제공할 수 있도록 노력하고 있다.

임은경 대표

토닥동래
마을교육공동체

동래구

메모리즈 부산 볼런투어

생명이 춤추는 온천
사계절 생태탐사

온천천코스

부산광역시자원봉사
동래구자원봉사
토닥동래자원봉사

거점 공간 마련 과정에 대해서 듣고 싶습니다.

2019년부터 마을교육공동체를 시작했어요. 활동 공간이 있어야 사업에 지원할 수 있었고, 마을 아이들이나 학부모들과 이야기하고 놀기 위한 공간도 필요했었죠. 마을에 지인인 예술가의 작업 공간이 있었어요. 덕분에 부산시교육청 지원사업도 지원할 수 있었죠. 첫해는 그렇게 시작했어요. 임대료는 저렴했지만 자꾸만 사비가 나갔어요. 또 공간을 운영하던 지인이 평소 정해진 사람들로만 공간을 운영하다가 우리와 공간을 공유하게되면서 주말마다 아이들이 뛰어놀고 하니 힘들어하시더라구요. 그래서 다음 해에는 마을에 있는 '이목 공방'으로 공간을 옮겨 또 1년을 활동했어요. 지금의 공간을 만들기 전엔 지하 음악실을 빌려 쓰기도 했어요. 그렇게 메뚜기처럼 옮겨 다녀서는 처음 마을 교육을 시작한 취지는 물론이고, 어느 순간 소멸되어버릴 것 같았어요. 공간에 대해 고민을 하고 있던 차에 'HOPE with HUG'라는 공간 지원 사업이 있다는 것을 알게 되었어요. 공간을 통째로 빌려주는 건 아니고, 인테리어 비용을 지원해 주는 사업이었죠. 그런데 전화를 했더니 취약 지역이나 침수로 피해 본 공공기관 같은 곳을 선정해서 지원해 주는 사업이라서 저희는 해당이 되지 않는다는 거예요. 그렇지만 지푸라기라도 잡아보겠다는 심정으로 취지를 설명 드렸더니, 지원 선정 모집 기간은 끝났지만 지원서를 제출해 보라고 하셨어요. 평가하는 교수진과 전문가들이 오셨는데, 공간을 활용하려는 취지나 목적을 듣고 너무 괜찮다며 바로 그 자리에서 지원해 주겠다고 하셨어요.

공간이 있다고 해도 공간을 운영하기 위해선 매달 임대료나 운영비용이 만만치 않을 듯합니다. 지원 사업 대부분이 1년 단위여서 지속적인 사업 계획을 세우기가 쉽지 않을 것 같습니다.

부족한 부분은 사비로 충당하고 있죠. 아직 단체의 후원을 받을 만큼 경력이 쌓였거나 특별한 콘텐츠가 있는 게 아니어서 후원 회원이 없어요. 앞으로 수익 사업을 염두에 두고 공유 공간으로 공간 용도를 열어놨지만, 아직 수익 사업에는 손을 못 대고 있어요. 처음부터 마을교육공동체의 무료 프로그램으로 시작했고, 그렇게 자리 잡았다 보니 마을을 상대로 수익 활동을 하기는 힘들고 애매한 부분이 있어요. 제가 알고 있는 다른 공동체도 대표와 몇몇 실무진이 비용을 내서 공간을 운영하는 것으로 알고 있어요.

학교와의 연계 방안은 어떻습니까.

처음에는 학교와의 연계성에 대해서 신경을 많이 썼어요. 그렇지만 교육청이 마을교육공동체 활성화를 위해서 학교에다 문을 열라고 강제성을 부여할 수 있는 건 아니잖아요. 민간단체에게 학교 문을 두드리라고 하지만 관도 못 여는 문을 민이 두드린다고 쉽게 열리겠습니까. '학교하고 연계되어야만 성공적인 활동인가?'하는 고민이 많았어요. 마을교육공동체가 학교를 위해서만 존재하는 게 아니라 마을에 있는 아이들을 위해서 존재하는 거잖아요. 마을 아이들을 위해서 품을 내어주는 공동체를 지향하고 있기에 학교와의 연계는 좀 편하게 생각하고 있어요.

마을교육공동체를 시작하게 된 계기가 있으신가요?

얼마 전 내성중학교 환경 동아리 아이들이 수업을 받으러 왔었어요. 같이 공예품을 만들었는데 한 아이가 "돈도 안 주는데 자원봉사를 왜 해요?"하고 질문을 하더라고요. 매번 받는 질문이지만 그 상황이 되면 답안지 같은 대답이 안 나와요. 그냥 웃고 넘겼어요. 돌이켜보면 저희 세대는 부모가 가진 게 많으면 더 많이 누리고, 부모가 가진 게 없다면 당연히 못 누린다고 생각하며 살았던 것 같아요. 그런데 막상 제가 아이를 낳고 키우다보니 생각이 좀 달라졌어요. 아이가 어떻게 살아갈지, 출발 단계에서부터 어떻게 놓일지 저의 책임이라는 것을 느꼈거든요. 현실을 본 거죠. 그때부터 제가 살고 있는 마을이 보이고, 다른 마을이 보이고, 다른 세상이 보이기 시작했어요. "같은 시기에 태어난 아이들인데 왜 출발선이 다를까." 그때부터 고민하기 시작했죠.

마을교육공동체가 고민의 결과물이신가요?.

공교육은 어떨까 하고 살펴봤어요. 지역에 따라서 좋은 선생님이 진행하는 방과후 수업이 있듯이, 공교육도 지역에 따라서 아이들이 누리는 혜택이 다르더라고요. 독서 모임을 진행하면서 주변의 깨어있는 분에게 저의 생각이나 고민을 자주 털어놓았어요. 그랬더니 부산에도 마을교육공동체 사업이 있다면서, 검토해보라고 하시더라고요. 그때 '신맹모삼천지교'라는 말을 처음 들었어요. 맹모삼천지교는 자식의 좋은 교육 환경을 위해 세 번이나 이사를 했다는 말이잖아요. 그런데 '살고 있는 지역을 엄마가 좋은 환경으로 만든다'는 신맹모삼천지교라는 말을 접하면서 '부모가 주도적으로 좋은 환경을 만들어 줄 수 있겠다'는 생각을 갖게 되었어요. 사교육적인 부분 말고 아이들이 지금의 교육 환경에서 누리지 못하는 게 뭐가 있는지 고민했죠. 동래구에 거주하는 문화예술인들과 함께 정서적으로 아이들을 지원해 줄 수 있는 부분을 찾았어요. 그러면서 마을교육공동체를 시작하게 되었어요.

문화센터 같은 경우 주어진 프로그램에 신청하고 시키는 대로 따라만 하면 되잖아요. 그런데 마을교육공동체를 하면서 학부모님들이 거주지 주소로만 존재하는 주민이 아니라 마을의 주인으로 우리도 행동하는 부모가 될 수 있다는 것을 알아갔죠. "우리가 우리 아이들이 행복하고 즐거워할 수 있는 프로그램을 기획할 수 있대!", "우리가 스스로 자치(自治)를 한단 말이야!" 이런 매력을 느끼고 참여하게 됐어요.

토닥동래마을교육공동체는 어떤 활동을 하고 있나요?

아이들이 마을에서 존재감을 드러내고 발자국을 찍을 수 있는 프로그램들을 기획하고 있어요. 마을에 살고 있는 어른들은 학부모가 아닌 이상 아이들에 대해서 별 관심이 없어요. 마을에 아이들을 위한 놀이터가도 하나 없어요. 놀이터가 없다고 말해도 관심 두는 어른들도 없고요. 그래서 마을에 아이들이 살고 있다는 걸 어른들한테 알려야겠다고 생각했고, 또 아이들에게도 너희가 이 마을의 주인이라는 것을 알려주고 싶었죠. 처음에는 마을과 친해지도록 마을에서 할 수 있는 놀이 위주로 프로그램을 짰어요. 마을 기록을 위한 마을 기자단을 만들었는데 의외로 반응이 좋았어요. "너희가 사는 마을이 어떤 곳인지 아는 게 중요하다. 너희가 기억하는 마을이 바로 너희의 어린 시절"이라고 얘기했죠. 아이들에게 기본 교육을 시켜서 시장으로 인터뷰를 보냈는데, 사전 동의도 구하지 못했음에도 불구하고 어르신들이 너무 좋아하시는 거예요. 바쁜 시간에 인터뷰를 응해 주시고 아이들도 좋아했어요. 이후로 마을에 있는 오래된 보호수에 관한 이야기를 취재하고 나무에 겨울옷을 입히는 작업도 했죠. 장애인 인식 개선에 관한 프로그램도 하고, 요즘 환경에 대한 관심도 높아 환경 정화 활동도 하고 있고요.

놀이나 체험조차 공부나 학습과 연계하고 싶어하는 부모님은 없으셨나요?

공동체 활동을 '또 하나의 문화센터'로 생각하는 학부모님도 있습니다. 활동가로 참여하시는 분들조차 처음에는 '아이들을 공간에 맡겨놓을 수 있다고 생각하는 분도 있으셨어요. 이이들이 활동을 하는 동안 커피 마시러 갔다가 끝나면 데려간다'는 분위기가 있었어요. 마을교육공동체에 대한 이해도가 전혀 없으면 당연히 그럴 수 있죠. 활동을 하면서 학부모님을 아이들 수업에 참여하게 했어요. "활동할 때 도와 달라", "이번 활동은 부모님이 도와줘야 하는 활동이다", "아이들의 안전을 위해 옆에서 지켜봐 달라"라고 하면서 활동하는 모습을 보여줬어요. 그러면서 "그냥 체험 프로그램만 돌리는 게 아니구나"하는 것을 느끼고, 아이들이 마을에서 활동을 하면서 즐거워하는 모습을 보면서 활동가로 들어오시기도 해요. 정기적으로 학부모 모임이나 활동가 모임을 갖지만, 마을교육공동체 활동을 힘주어 이야기하진 않아요. "이번에는 제가 했으니 다음에는 OO 어머니가 아이들과 해보고 싶은 활동을 기획해 보는 건 어때요" 이런 식으로 조금씩 활동을 맡겨요. 너무 부담되지 않는 선에서요. 아이들을 위해 프로그램을 기획한다는 것에 재미를 느끼면 적극적으로 참여하게 되죠.

활동가의 역량 강화는 어떻게 하고 있습니까?

학교 교육에서 할 수 있는 것 외에 마을에서 할 수 있는 배움이 되거나 즐거움을 줄 수 있는 부분과 활동가 선생님들이 할 수 있는 것을 연결시키기 위해 계속 고민하고 있어요. 저희가 온천천 생태 관련 단체로 선정이 되어서 아이들과 자연 생태 공부도 하고 있어요. 그리고 지난해 아이들에게 "너희들이 원하는 활동이 뭐가 있을까?" 물어보니 "보드게임 데이를 하고 싶어요"라고 해서 "알았어. 우리가 준비해 볼게" 하고 활동가 선생님들이 모두 보드게임 지도사 자격증을 따 아이들과 함께 매월 보드 게임 데이를 하고 있어요. 아이들은 자신이 말했던 것이 마을교육공동체에서 이루어지니까 신기한가 봐요. 한 아이가 기대에 찬 표정으로 "마을교육공동체에서 바둑을 배우고 싶어요"하는 거예요. 엄마들이 할 수 있는 부분이 아니어서 고민은 하고 있는데, 아직 해결점을 찾지 못하고 있습니다.

여러 사람이 활동하다 보면 의견이 서로 다를 때가 있기도 합니다. 해결 방안이 있을까요?

활동을 하다 보면 유난히 일을 잘하거나 실력이 도드라지는 분이 꼭 있잖아요. 상대적으로 잘 못하는 분들은 수동적이 되고 어느 순간 떨어져 나가는 경우도 생기더라고요. 속된 말로 권력을 분산시켜야겠다 싶어서 모든 활동가가 동등하게 돌아가면서 모임의 장을 맡고 있어요. "저는 안 할래요", "자신 없어요" 이런 말이 나올 줄 알았는데, 다들 불만없이 좋다고 하시더라고요. 예전에는 '그래, 이번 모임에서는 뭘 줄 수 있어?' 하는 표정으로 바라봤다면 지금은 '이번 모임은 내가 주도해야 하는데' 하면서 모임에 대해서 고민하세요. 제가 편해졌죠.

마을교육공동체를 운영하면서 보람 있었거나 기억에 남는 일이 있다면?

마을교육공동체 활동을 하다보면 틈이 생기기도 해요. 방학이면 잠시 휴지기를 가지기도 하는데 그때 아이들로부터 "요즘 왜 마을교육공동체 안 해요" 하는 말을 들었을 때 기분이 좋아요. 아이들이 엄마한테 "우리를 재미있게 놀게 해주려고 마을 활동들을 기획해 주셔서 고맙다"는 말을 한대요. 사실 마을 활동가라고 해 봤자 비전문가인 학부모들이잖아요. 아이들이 활동할 때 함께 놀아주고 옆에서 잘할 수 있도록 도와주는 정도인데 "저도 커서 마을 선생님 하고 싶어요" 하고 얘기할 땐 우리가 원했던 긍정적인 효과가 발휘된 같아서 뿌듯하죠. 그리고 아이들만 좋은 게 아니라 학부모들도 즐거워하는 모습이 보기 좋아요. 마을교육공동체 회의가 없으면 "이번 주는 아무것도 안 하고 지나간 것처럼 허전하다"고 말씀하세요.

아이들이 자라도 계속 마을교육공동체 활동을 하실 생각이신가요?

처음 시작할 때 9년을 계획했어요. 아이가 초등학교 들어가서 중학교 졸업할 때까지. 고등학생이 되면 스스로 동아리를 만들 수도 있으니까 활동가들의 손이 필요한 시기는 중학교 정도가 아닐까 라는 생각을 했어요. 가끔 활동가분들께 "아이가 자라 더이상 프로그램에 참여할 필요가 없어도 계속 나오실 건가요"하고 질문을 해요. 아이들이 다 자란 이후에도 학부모님들이 교육지원단으로 남아 활동을 할 수 있도록 역량을 키우고 있어요.

거점마을교육공동체로 어떤 역할을 하고 계시나요?

올해 처음 시작한 마을교육공동체 중에는 시민단체와 같은 활동을 오래하신 선배 활동가분들도 계세요. 하지만 마을 안에서 일을 해본 경험이 부족한 분들도 있으세요. 어떻게 하면 공동체가 마을에 잘 스며들 수 있는지, 마을교육공동체를 하면서 힘들었던 초기 단계에 대해서 이야기해 드리기도 합니다. 회계 처리에 관한 문의도 들어오면 이야기해 드리고 있고요. 거점마을공동체라고 해서 동래구 네트워크를 이곳에서 진행했는데, 장학사님께 건의를 드렸죠. 각 마을교육공동체마다 어떤 형태로든 거점 공간이 있을 테니 순회하듯 다니면서 네트워크를 진행하는 것이 서로를 알아가는 데 있어 좋지 않겠냐고요. 그래서 지금은 돌아가며 진행하고 있어요. 각자 자신의 마을 소개를 하면서 "동래구에 이런 마을도 있었구나"하고 알아가고, 각 마을에 대한 이해도 높아졌어요.

함께하는 행정기관에 바라는 게 있다면요?

다른 단체 대표님들도 언급하셨을 것 같은데 절실한 부분은 공간 지원비와 활동비예요. 공간 운영이나 활동비를 자비나 자원봉사로 해결해야 하다 보니 한계가 있어요. 필요에 의해서 하지만, "내가 도대체 왜 이 활동을 하고 있나" 하는 생각이 들때도 있고, 자꾸만 소진되는 느낌이 들어요. 자비로 공간 임대료를 내는 것을 학부모님들이 이해를 못 하시는 거예요. "굳이 왜 그래?" 하면서 "뭔가가 있기 때문에 하겠지"하는 생각을 하시는 것 같아요. 언젠가 활동가 몇 분과 회의에 참석했는데, 기관에 있던 분이 "월급도 안 나오는데 일하시느라 고생이 많다"고 하는 말을 듣고서야 "아, 진짜 돈을 안 받고 있구나"하고 얘기하시더라고요.

양정꿈오름 송경이 대표를 양정역 근처 거점 공간에서 만났다. 양정꿈오름은 2015년 양정초등학교 학부모 모임에서 시작되었으며, 2021년 마을교육공동체로 선정되었다. 첫 사업이라고 할 수 있는 양정 마을 나들이 코스를 만들면서 마을을 알게되고, 애정을 갖기 시작했으며, 공동체를 하게 된 계기가 되었다. 아이들이 마을에 대해 새롭게 알아가는 모습이 보기 좋았다며, 공동체에서 만든 마을 지도를 자랑스레 펼쳐 보였다. 그 경험 덕분에 '마을 활동가라면 마을 나들이 활동부터 시작해야 한다'는 신념을 갖게 되었다. 공동체 활동을 통해 마을 알기 지도를 제작했고, 지난해 청소년통일힙합공연팀 '하나로'를 만들었다. 올해도 공연팀을 모집하고 있다. 희생이나 봉사 같은 거창한 명분보다는 '이 정도는 내가 할 수 있겠다'는 선을 잘 유지하는 것이 오래도록 활동가로 남을 수 있는 비결이라고 생각하고 있다.

송경이 대표

양정
꿈오름

부산진구

양정꿈오름은 언제 시작되었나요?

2015년 학부모 모임으로 시작되었고, 2021년에 마을교육공동체를 만들었습니다. 평소에도 다들 마을의 언니 동생처럼 가까이 지내는 막역한 사이였어요. 마을교육공동체는 늦게 시작했지만, 서로를 이해하는 관계가 잘 형성되어 있었기 때문에 큰 문제없이 잘 펼쳐나갈 수 있지 않았나 생각해요.

'마을나들이 코스' 개발팀에 대해 이야기해주세요?

2020년 마을교육공동체 공모 사업에 신청해서 떨어졌어요. "이런 사업이 있다더라"는 얘기를 듣고 공모 사업 신청서를 냈어요. 마을교육공동체에 대한 개념도 제대로 서 있지 않았을 때였죠. 이후에 부산진구다행복교육지구 장학사님이 찾아와 "양정초등학교에 마을 나들이 코스가 없으니 어머니들이 모여서 마을 나들이 코스를 개발해 보면 어떻겠냐"고 제안하셨어요. 그때부터 마을 나들이 코스를 만들기 위해 조금씩 마을을 배우고 알아가기 시작했어요.

마을 나들이는 몇 가지 코스가 있습니까?

저학년을 위한 코스와 고학년을 위한 코스, 두 가지 코스가 있어요. 저학년은 가게 중심으로, 고학년은 관공서 중심으로 코스를 잡았어요. 두 코스 다 출발은 양정초등학교입니다. 작년에 양정초등학교 2학년들과 마을 나들이를 했고, 올해 6월에는 1학년, 9월에는 2학년이 예정되어 있습니다. ●2015 개정 교육과정'에 우리 마을 알기가 있는데, 마을 나들이 코스 개발을 염두에 두고 부산진구다행복교육지구 마을 교사 양성 과정을 이수했어요.

　　●**2015 개정 교육과정**은 대한민국교육부가 고시한 7차 교육과정을 개정한 교육과정으로 2015년 9월 23일에
　　　총론 및 각론이 고시되었다. 지식 정보 처리 역량을 중심에 두고 '창의·융합형 인재 양성'을 목표로 운영되어 온
　　　2015 개정 교육과정은 이제 디지털 리터러시, AI 교육을 기반으로 한 2022 개정 교육과정으로 옮겨질 예정이다.

마을 나들이 코스는 어디에 주안점을 두고 만들었나요?

마을에는 주인 아저씨가 직접 옷을 다려주는 오래된 세탁소도 있지만, 코인을 넣고 세탁을 하는 무인 세탁소도 있어요. 과거와 현재가 공존하고 있는거죠. 동네에 아파트만 있는 것 같아도 그 사이사이 남아 있는 골목으로 들어가 보면 소소한 얘깃거리도 많이 남아있어요.

마을에 있는 <제일 문구> 사장님의 경우 오랫동안 양정동에 사셨는데, 아이들과 나들이를 가면 나와서 손을 흔들어 주세요. <일구인쇄 출판사>에서는 책이 만들어지는 과정을 볼 수 있도록 해주시고요. <청소년 수련관>에서는 지도사 선생님이, <양정 꽃 시장>에서는 꽃 가게 사장님이, <주민센터>

에서는 동장님이, 그리고 <예비군 동대> 창고에서는 군인 아저씨가 나와서 공간에 대한 설명을 해주세요. 양정의 옛이야기를 듣기 위해 양정에 오래 사신 분들을 일부러 찾아가기도 하고요. 좁은 골목길에서는 우리가 예전에 하고 놀았던 '무궁화꽃이 피었습니다'를 해보기도 해요. '양정동에 이런 물리적 공간이 있다'는 걸 알리는 데 그치는 게 아니라 공간의 특성이나 그 안에서 일어나는 이야기를 전달하는 데 중점을 두고 있어요.

마을 나들이는 동네 분들과 함께하는 프로그램인가요?

마을교육공동체를 시작한 지 얼마 되지 않았지만, 마을 나들이를 하면서 '마을 활동가라면 마을 나들이부터 시작하는 게 맞지 않나'하는 생각을 갖게 되었어요. 양정에서 태어나고 자라지는 않았지만 부산진 여고를 다녔고, 양정동을 잘 안다고 생각했는데, 마을 나들이를 다니면서 마을이 다르게 보였어요. 한 번 갔을 때와 두 번 갔을 때, 세 번 갔을 때 또 다른 모습이 보였고요. 마을의 다채로운 모습이 보이면서 애정이 생기고, 애정이 생기니까 '이렇게 바뀌었으면 좋겠다'는 것들도 보이기 시작했어요. '이렇게 활동을 계속하면 주민자치활동까지 이어지겠구나' 하는 막연한 생각이 들었어요.

'동네를 제대로 아는 것이 마을교육공동체의 출발점'이라는 점은 공감이 됩니다.

아이들이 학교를 마치기 무섭게 노란 버스를 타고 학원으로 이동하고, 집이 멀거나 저학년 아이들은 부모님들이 승용차로 등·하교를 시켜주는 경우가 많다 보니 혼자 동네 길을 걷거나 친구와 같이 걷는 경우가 드물어요. 작년 2학년을 대상으로 마을 나들이를 하면서 느낀 건데, 그 아이들은 코로나와 동시에 입학한 아이들이에요. 마스크를 끼고 말이죠. 코로나가 완화되면서 매일 등교를 하게 되자 어떤 아이들은 "왜 학교를 매일 가야 돼?" 하고 반문하기도 해요. 마을 나들이를 통해 마을의 다양한 가게나 공간을 알아가는 것도 중요하지만, 친구가 다니는 길이나 친구의 집도 알게 되고, 또 동네에서 아는 분을 만나 인사를 나누는 것도 중요한 과정이에요. 아이들과 다니다 보면 길에서 많은 변수가 일어나요. 그게 모두 아이들에게는 새로운 경험이고 공부죠.

마을 나들이 코스를 만드는 데 특별한 어려움은 없었나요?

부산진구의 네트워크 회의에 참석하면서 오랫동안 활동을 해온 마을교육공동체 활동가들에게 많이 배웠어요. 부산진구에 있는 마을교육공동체들은 한 달에 한 번씩 회의를 해요. 마을교육공동체를 준비하는 단체들도 참석을 해서 "아, 공동체가 이렇게 흘러가는구나!", "옆 마을은 이렇게 하는구나!" 하고 배우기도 하죠. 마을교육공동체를 하고 싶어도 어떻게 시삭해야 될지 몰라서 못 하는 분도 많아요. 저도 마을교육공동체란 말을 처음 들었을 땐 어려운 말이었어요. 공모 사업이 있다는 것도, 활동가가 있으면 마을에서 아이들과 다양한 활동들을 할 수 있다는 것도 회의를 참석하면서 알게되었어요. 이런 경험들은 한두번 선진지 탐방을 하거나, 공방에 가서 체험을 하면서 얻어지는 경험이 아니잖아요. 마을 활동가들과 지속적으로 만나고, 관계를 쌓아가면서 터득을 하는 거죠.

부산진구의 네트워크회의에 대해 알려주세요?

네트워크 회의를 통해 연대 사업을 같이 해볼 수 있는 것 같은 여러 가지 장점이 많아요. 그게 부산진구에서 마을교육공동체를 하고 있는 장점이 아닌가 싶어요. 그런 점 때문에 회의에 참석하는 단체가 13개까지 늘어난 것일 테고요. 장학사와 담당 주무관의 애정도 남달라요. 주기적으로 '찾아가는 학부모 설명회'를 부산진구다행복교육지원센터에서 진행하고 있는데, 학부모들에게 마을에는 마을교육공동체가 있고, 다행복교육지구 안에도 좋은 수업들이 많다는 것을 알리는 작업을 계속하고 있어요. 관심 있는 분들이 그 지역 마을교육공동체에 들어가기도 하고, 또 공동체가 없는 마을에서는 "우리도 한번 만들어볼까?"하고 도전을 해보려는 분들도 있어요. 그런 분들께 네트워크 회의 참석을 권유하죠. 작년에 찾아가는 학부모 설명회를 통해서 마을교육공동체라는 걸 알게 된 두 단체가 올해 공모사업을 통해 마을교육공동체로 선정되었어요.

그리고 부산진구에는 마을교육자치회가 있어요. 부산진구에는 20개 동이 있는데, 처음 계획은 20개 동에 마을교육자치회를 모두 만드는 것이었지만 여의치 않아서 작년에는 9개 마을교육자치회가 출범했어요. 발대식에 양정동의 행정사무장님들과 각 학교의 다행복교육 담당 선생님, 그리고 학부모님이 모였고, 그런 자리를 통해 마을교육자치회와 마을교육공동체가 연계되기도 했어요. 부산진구다행복교육지원센터도 열심이지만 구청장님도 활동에 적극 지지해 주시고 많은 도움을 주고 있어요.

양정꿈오름에서 진행한 힙합 공연은 어땠나요?

청소년 힙합 공연은 양정꿈오름이 하는 가장 중요한 사업이에요. 마을 나들이는 공모 사업과는 별개로 활동하는 것이고, 청소년힙합공연이 대표 사업이죠. 누구나 마찬가지였겠지만 작년에는 코로나로 많이 힘이 들었어요. 양정 청소년 수련관을 연습장으로 사용할 계획이었는데 코로나로 제일 먼저 문을 닫았어요. 외부로 아이들을 데리고 다니는 것도 조심스러워서 "올해는 이 사업을 못 할 수 있겠구나"하고 걱정을 하고 있었는데 동의중학교에서 장소를 활짝 열어주었고, 학생들도 모아줬어요. 심지어 연습실에 드럼까지 있더라고요. 우리 마을에 초·중학교가 5개 있어요. 올해는 양정 청소년 수련관에서 할 예정인데, 3개 초등학교와 2개 중학교 대상으로 신청받을 계획이에요. 작년에 했던 친구 중에 또 참여하고 싶어 하는 친구들도 같이 하려고 해요.

어떻게 힙합 공연을 할 생각을 했습니까. 활동가 중에 '나 한 힙합 한다'는 분이 계셨나요?
외부에서 선생님들 모셔와 하고 있어요. 지출되는 비용은 공모 사업을 통해서 해결했고요.

학교와의 연계방안은 어떻게 하고 있나요?
양정에는 중학교가 두 군데 있는데 여학생들은 양동여중, 남학생들은 동의중에 입학을 해요. 작년에 저희 아이가 동의중에 입학했어요. 입학과 함께 저는 학교운영위원회에 들어갔고, 또 다른 친구(회원은 학부모회에 들어갔어요. 학교와 친해지기 위해서 학교 모임에 참여하는 것부터 시작을 했어요.

그리고 이런 일이 있었어요. 학교 앞에 아파트를 짓고 있었는데 한 학생이 학교 신문에 '태양이 사라진다면'이라는 제목의 기사를 냈어요. 운동장 바로 앞 고층 아파트 공사 때문에 일조권·조망권·학습권이 침해당하고 있고, 학교의 주인은 학생이니 주인의 권리를 보장받기 위해 관심이 필요하다는 글이었어요. 학교 선생님이 "아이들이 이렇게 목소리를 내고 있는데, 어른으로서 아무 목소리를 내지 않고 그냥 바라만 보고 있었구나!"하는 미안한 마음에 비대위를 구성했어요. 회의 참석을 하고, 목소리를 내면서 조금의 변화가 있었죠. 그리고 등굣길에 공사 차량들이 위험하게 다니는 것을 보고 한 학생이 1인 시위를 했어요. 저희도 돌아가면서 시위에 참여했죠. 건물은 이미 많이 올라간 상태였지만 그래도 공사 회사 측에서 자리를 마련해서 같이 얘기를 나누는 시간을 가졌어요. 결과를 떠나 아이들이 목소리를 낼 때 들어주고, 어른들이 함께하는 과정에 의미가 있었다고 생각해요. 그런 과정들을 함께하면서 학교와도 친해졌어요.

얼마 전 부산진구다행복교육지구 사업의 일환으로 '전입

교사 마을 알기'프로그램을 진행했어요. 뭐냐면 외부에서 부산진구의 학교로 발령을 받은 선생님들을 마을에서 환영하는 자리에요. "우리 마을에 오신 것을 환영합니다."라는 의미도 있고, 통학로를 함께 돌아보면서 "아이들을 이해하기 위해서는 아이들이 사는 곳부터 이해해야 한다."는 의미도 담고 있어요. 이런 활동을 반기는 학교도 있지만, 우리는 하지 않겠다는 학교도 있어요. "마을교육공동체가 지금은 저렇게 한다고 하지만 오래갈까?"하는 의구심을 갖거나 "월급 받고 하는 것도 아닌데 저러다 말겠지."하는 회의적인 시선들도 있어요.

거점 공간이 지하이긴 하지만 양정역 바로 앞이라 쉽게 찾아올 수 있는 것 같습니다.
운영은 어떻게 하고 있으신가요?
지난해 여기저기 활동을 다니면서 느낀 건 '공간 없이도 우리끼리 열심히 하는 것은 가능하겠지만, 확장은 힘들겠구나'하는 것이었어요. 언제든 편하게 오고 갈 수 있고, 회의를 하더라도 누군가는 남아서 계속 이야기 하고 싶을 수도 있고, 또 누군가는 늦게 올 수도 있잖아요. 활동을 하면 할수록 공간의 필요성을 더 느꼈어요. 회원이 운영하는 공방을 이용하기도 하고, 제가 개인적으로 사용하는 오피스텔을 이용하기도 했지만, 고정된 공간이 아니다 보니 여러 가지 제약이 많았죠. 이 공간을 마련하게 된 건 장학사님의 도움이 있었어요. 건물 주인이 친구 분이어서 전세 1천만 원에 월 30만 원, 월세를 절반만 받으셨어요.
공간 유지 비용은 공동체 이름으로 수업을 나가면 수업료의 20%를 공동체 기금으로 기부를 해서 운영을 해요. 지난해 마을교사 양성과정이 시작되었기 때문에 앞으로 수업을 나갈 수 있는 분이 많아지면 공간 운영이 훨씬 수월하겠죠. 또 월 만 원씩 후원해주시는 분들도 있어요.

활동가의 역량 강화는 어떻게 하고 있습니까?
부산진구에는 마을교사 양성과정이 있는데, 양성과정이 동아리로 연결이 돼요. 동아리는 학습회 같은 성격을 띠는데, 말 상처, 바느질, 식생활, 연극, 놀이, 아동 인권, 사회적 경제 등 과목이 다양하고 많아요. 마을교사 양성과정을 마치면 자신이 원하는 동아리로 들어가요. 그곳에서 같이 수업 과정을 짜고, 시연도 하면서 마을에 정식 수업을 나갈 수 있도록 역량강화과정을 밟아요.
그리고 마을교육자치회에 성장지원팀이 있어요. 거기 계신 분들은 시민운동을 평생 해오셨는데, 그런 분께 수업을 받기도 하죠.

마을교육공동체 활동을 하면서 보람 있었던 일이라면?

작년에 힙합 공연을 댄스, 드럼, 랩 베틀 이렇게 세 파트로 나눠서 했었어요. 드럼의 경우 한 아이는 드럼을 초등학교 때 배웠던 적이 있고 한 아이는 한 번도 스틱을 잡아본 적이 없었는데, 몇 달간 서로 도움을 주고받으면서 정말 열심히 연습했어요. 코로나때문에 관중들 앞에서 공연은 못 하고 연주하는 장면을 영상으로만 남긴 게 아쉬워요. 아이들이 정말 즐거워했는데, 내가 하는 일이 "아이들을 저렇게 기쁘게 할 수 있구나!"하는 생각에 보람을 느꼈어요.

그리고 마을에서 아이들을 만나면 저한테 인사를 하려고 저 멀리서부터 준비를 하고 몰려와요. 그럴 땐 "이런 것 때문에 내가 이 일을 하는구나!"하는 생각이 들어요. 무슨 희생이나 봉사 같은 거창한 명분보다는 "이 정도는 내가 할 수 있지 않을까."하는 선을 잘 유지하는 게 오래 할 수 있는 비결이 아닌가 싶어요. 돈이 생기는 일도 아닌데 너무 과하게 힘을 쏟으면 금세 지쳐버릴 것 같거든요.

교육행정에 바라는 게 있다면?

사업비 사용이 조금 유연했으면 좋겠어요. 인건비를 마을교육공동체 활동가들에게도 지급할 수 있도록 했으면 좋겠어요. 회원으로 이름이 올라가 있는 사람에게는 전혀 비용을 지급할 수가 없잖아요. 일은 대부분 우리가 하는데 활동비나 강의비를 전혀 지급할 수 없다는 것은 문제가 있다고 봐요. 활동가를 지원할 수 있는 방안이 마련되면 좋겠어요.

북구 양달로 대천천 환경문화센터 2층에 입주해 있는 대천마을학교에서 정영수 활동가를 만났다. 너른 공간에서는 아이들 몇몇이 압화로 단오부채를 열심히 만들고 있었다. 이야기를 나누는 내내 아이들 웃음소리가 들려왔다. 정영수 활동가는 나직하고 담담했지만 간명하고 명징한 목소리로 마을학교 이야기를 들려줬다. 마을활동가로서의 폭넓은 이해와 신념이 느껴졌다. 대천마을학교는 마을을 교육의 주체로 세우는 마을교육공동체이다. 대천마을학교는 아름답고 살기 좋은 마을을 만들고, 아이들 스스로 제 앞가림하고 더불어 살아가는 힘을 익히는 배움터가 되고자 한다.

정영수 활동가 대천 마을학교

북구

대천마을 사이로 흐르는 대천천에 대해 이야기해주세요.

대천마을은 행정구역상으로 화명 2동인데 대천천이 도심 한가운데를 흐르고 있어요. 지금은 날이 가물어서 물이 많이 없지만, 비가 많이 오는 여름에는 굳이 멀리 계곡을 찾지 않아도 집 앞에서 멱을 감을 수 있는 물이 많고 맑은 하천이에요. 부산에서 마을에 1급수가 흐르는 하천을 찾기가 쉽지 않죠. 도심 하천으로 온천천이 많이 알려져 있지만 산책은 할 수 있지만 멱을 감고 놀지는 못하잖아요. 한여름 무더운 날이면 대천리 초등학교나 대천리 중학교, 화명 초등학교 아이들이 하굣길에 가방을 벗어 던지고 물놀이를 즐기곤 해요. 대천천을 쭈욱 따라 걷다 보면 화명생태공원이 나와요. 화명생태공원 산책길이 낙동강과 이어지는 곳에서 보는 노을이 정말 아름답죠. 집 가까이에 이런 자연환경이 있어서 아이들 키우기가 좋고, 그래서 자연스럽게 공동체가 형성이 되었고, 잘 되는 이유 중 하나가 아닐까 싶어요.

그럼 대천천에는 물고기나 반딧불도 있습니까?

당연히 있죠. 1급수 맑은 물에서만 서식하는 은어도 볼 수 있어요. 대천천 네트워크에서는 대천천을 가꾸고 서식하는 생물을 조사하는 활동을 오랫동안 하고 있어요. 최근에는 맹꽁이나 반딧불이에 관한 활동하고 있는 걸로 알고 있어요.

대천마을학교는 언제 만들어졌나요?

2008년이에요. 올해로 15년이 되었어요.

대천마을학교는 어떤 활동들을 하고 있나요?

대천마을에는 대천천 같은 자연환경을 터전 삼아 공동체들이 많이 만들어졌고, 그중 하나가 대천마을학교에요. 올해는 주로 초등 방과 후 활동을 하고 있어요. 근처 쌈지공원에서 매주 목요일 오후 4시부터 5시 반까지 90분 동안 '오늘 놀자'라는 놀이 활동을 하고 있어요. 대부분의 아이들이 하교 후에는 학교 방과 후 활동을 하거나 아니면 학원에 가잖아요. 예전에 대천마을학교도 그런 교육 활동들을 많이 했었는데, 지금은 마을의 아이들이 서로 만나고 노는 장소로 마을학교를 열어놓고 있어요. 그리고 '월간 어린이'라고 해서 매주 화요일 마을에 살고 있으신 강사님을 모시고 아이들이 재미있어할 만한 문화 예술 프로그램을 진행하고 있어요. 지난 4월에는 만화 그리기를 했었어요. 일러스트레이터로 활동하는 마을 분을 강사로 모셔서 진행했었지요. 5월에는 보드게임을 했고, 6월에는 '어린이 플로리스트'라는 프로그램으로 마을의 꽃집 사장님을 모시고 아이들과 꽃병 만들기나 압화, 꽃꽂이를 하고 있어요. 올해 부산시교육청 마을교육공동체 지원사업을 돌봄 중심으로 받았기 때문에 초등학생 대상의 방과 후 돌봄 프로그램인 열린 놀이터와 어린이 동아리, 월간 어린이 활동을 하고 있어요. 주말에는 가족 돌봄 프로그램으로 가족들과 함께하는 생태 나들이를 계절별로 진행하고 있어요.

건물을 같이 사용하고 있는 맨발동무도서관과 대천천네트워크와는 어떤 관계인가요?
같은 건물에 있어서 같은 공동체로 알고 계시기도 한데, 별개의 단체에요. 대천천환경문화센터 건물을 관리하는 운영 주체가 3층에 있는 사단법인 대천천네트워크예요. 그리고 아래층에 맨발동무도서관과 대천마을학교가 있어요. 1층에는 새마을금고가 있고요. 세 단체가 별도로 운영되고 각자 정체성에 맞는 활동을 하고 있지만 세 기관이 같은 건물에 있다 보니 함께 연계하는 일들도 많아요. 마을회의나 마을 축제 등이 있을 때 함께 협의도 하고요.

언제부터 마을 활동가로 활동하셨나요?
2011년쯤이었어요. 첫째 아이가 7살 때 화명동으로 이사를 오면서 맨발동무도서관을 알게 되었어요. 도서관에 책을 빌리러 자주 오면서 가까워졌고, 독서 동아리 활동을 하면서 좀 더 적극적인 이용자가 되었어요. 그러다가 2014년도에 부산학부모연대라는 단체가 만들어질 때 함께 했어요. 평소 학부모 활동이나 교육문제에 관심이 많았거든요. 그 해 세월호 참사가 일어났고, 교육감선거가 있던 시기이기도 했어요. 아이를 키우는 부모 입장에서 세월호 참사는 엄청난 충격으로 다가왔죠. 그 사건은 제 삶의 작은 전환점이 되었어요. 그때부터 교육 관련 책을 읽고, 아이들을 위한 활동에 관심을 갖기 시작했죠. 학부모연대 활동을 하면서 좀 더 적극적인 지역의 활동가가 되었어요.

부산학부모연대는 어떤 단체인가요?
부산학부모연대는 어린이 청소년들이 학교에서, 지역에서, 그리고 사회에서 안전하게 보호받고, 건강하게 자랄 수 있도록 지원하는 단체에요. 학부모들도 교육의 주체로 학교 운영에 참여하면서 아이들이 행복한 학교생활을 할 수 있도록 도와주고 있어요. 부산학부모연대는 교육 환경을 바꾸기 위해 노력하는 시민단체라고 할 수 있죠. 지역의 마을공동체보다 조금 더 활동 범위가 넓죠. 교육감 선거 때 정책 제안을 하기도 했고, 초창기에는 학교 촌지, 학부모들의 불법 찬조금 근절 캠페인, 세월호 진상 규명 활동, 특히 무상급식 및 교육복지 확대에 있어서는 거의 선두 주자로 활동했었어요.

대천마을학교는 언제부터 활동을 했습니까?

부산학부모연대의 화명금곡마을모임에서 5년 정도 모임장을 하면서 많은 성장을 했고, 지역에 기반을 두고 활동을 했기에 맨발동무도서관이나 대천마을학교를 많이 이용했어요. 그 중에서도 대천마을학교는 자주 모임을 가졌던 친근한 공간이었는데, 상근해 보지 않겠냐는 제안을 받고 활동을 시작한 게 2019년 7월이었어요. 만 3년째입니다.

주로 어떤 활동을 하고 있습니까?

대천마을학교에는 운영위원과 상근 활동가가 있어요. 운영위원은 대부분이 직장을 다니거나 마을에서 활동하셨던 분들이신데, 월 1회 회의를 통해서 운영이나 활동 방향에 대해서 함께 고민해 주시죠. 저는 상근활동가예요. 이 공간에 상주하면서 아이들과 활동하거나 공간 관리를 하고, 프로그램 내용을 기획하고, 집행하고, 회원들을 관리하는 역할을 하고 있어요.

활동가를 처음 시작할 때와 지금과 어떤 변화가 있었을까요?

화명금곡마을모임으로 활동을 해왔고, 어린이와 청소년들, 학부모, 마을 사람들과 함께 지내 온 것으로 보자면 그대로예요. 학부모단체가 마을 모임, 지회를 기반으로 하면서 좀 더 큰 이슈나 제도를 바꾸는 일에 중점을 뒀다면, 마을학교의 활동은 마을과 밀착된, 마을학교라는 공간에서 어린이들의 성장과 관계 맺기에 도움 되는 활동들에 대해 고민하고 있어요. 시민단체 활동을 마을에서 하지 않는 건 아니어서 큰 틀에서 보면 같다고 할 수 있지만, 처음보다 지금의 활동이 조금 더 마을 사람들에게 다가서서 활동을 하는 것 같아요.

학교와의 연계는 어떻습니까?

대천마을에 있는 공동체들은 인근 학교와 긴밀하고 다양한 활동을 한다고 볼 수 있어요. 화명초등학교가 다행복학교이다보니 맨발동무도서관은 책 읽기로, 대천천네트워크는 대천천 생명학교로 학생들과 만나고 있는 것으로 알고 있어요. 대천마을학교에는 다양한 어른 동아리 활동들이 있는데 화명초에서 하는 동아리 활동과 연계하고 있어요. 바느질 동아리의 회원들이 화명초등학교나 화신중학교에서 아이들에게 바느질을 가르치고 있거든요. 개인 취미로 활동하셨던 분들이 마을에 공방을 내고 학교에서도 활동하고 있는 거지요. 그리고 초등학교 3학년 교육과정에 우리 마을 알기가 있는데. 대천마을 미션나들이라는 프로그램으로 학교와 연계되고 있습니다. 지난 5월에 대천리 초등학교와 화명초등학교 3학년 100명의 아이들과 함께 활동했었어요.

살고 있는 마을이라도 마을에 대해서 가르치려면 교육이 필요하지 않을까요?

마을나들이 공부모임은 한 달에 한두 번 정도 만나서 공부를 하는데, 마을나들이 시기에는 좀 더 자주 만나서 구체적인 나들이 기획을 하고 내용을 점검하는 활동을 해요.

마을교육공동체 활동가로 활동해 오면서 기억에 남는 장면이 있다면?

대천마을학교는 마을 사람들의 자발적인 후원금으로 운영하고 있어요. 15년째 활동이 유지되고 있다는 것은 마을 사람들이 마을 학교를 응원하고, 아껴주고 계시기에 가능한 일이죠. 올해 마을교육공동체 돌봄중심 사업의 일환으로 어린이날 행사를 했어요. 실외 마스크 착용 의무가 완화되기도 했고, 또 '어린이날 100주년'이라고 해서 좀 더 의미 있게 하려고 준비를 많이 했어요. 대략 100명의 어린이와 어른이 함께 놀아보는 어린이날 행사를 준비했어요. 마을 아이들에게 줄 선물과 간식을 모아 봤어요. 근데 생각 외로 어마어마하게 모인 거 있죠. 대천마을학교에는 680명 정도 가입해 있는 네이버 밴드가 있어요. 몇 년 동안 밴드를 통해 마음학교의 활동을 보고 참여하신 분들이죠. "어린이날 행사한다면서~"하며 오며 가며 후원해 준 선물들이었어요. 어떤 분은 달고나 150개를 직접 만들어 오셨고, 후원금을 보내주시기도 했죠. 받은 선물과 지원사업의 물품 구입비를 더해서 선물 꾸러미 130개를 만들었어요. 마을 사람들이 아이들을 위한 행사를 축하해 주고, 마음을 흔쾌히 내어 줄 수 있었던 것은 마을학교가 15년 동안 마을에서 잘 지내오고 신뢰를 받아온 결과가 아닐까 싶어요. 오랫동안 마을에 존재해 왔던 마을학교가 어린이날 행사를 한다고 했을 때 응원하고, 기꺼이 힘을 보태주는 것을 보고, 존재 가치와 공동체의 힘을 느꼈죠. 큰 행사를 하고 나면 힘들고 피곤하기도 하지만, 엄청 기분 좋아요. 감사한 마음들이 쌓이고 쌓여서 마을학교가 굳건히 활동할 수 있는 것 같고, 어디 가서 "대천마을학교 OO입니다."하고 인사를 하면 "오~ 대천마을학교"하고 반응해 주세요. 대천마을학교에 신뢰를 주고, 믿음을 주는 모습을 보는 게 기분 좋아요. 고맙게도 저는 대천마을학교라는 이름에 덤으로 얹혀가고 있죠.

**마을공동체 중에서도 대천마을을 손에 꼽는 분들이 많은 것을 보면
확실히 브랜딩이 잘 되어 있다는 생각이 듭니다.**
대천마을 하면 뭉뚱그려지는 거고, 여기는 대천마을 속 '대천마을학교'입니다.

**서로가 상호작용해서 좋은 시너지를 내다보니 그런지
대천천네트워크나 맨발동무도서관도 같은 단체로 보이기도 합니다.**
대천마을학교는 북구 화명동에서 활동하고 있는 10개 이상의 단체 중 하나고요. 어른들이든 아이든 누구든지 편히 쉬어가고, 하고 싶은 활동을 하고, 마을 사람이 강사가 되기도 하고, 서로 배우고 성장하는 관계 속에서 함께 어우러지는 마을 사랑방이죠.

거점마을교육공동체로 어떤 역할을 하시나요?
거점마을교육공동체가 어떤 역할을 하는지 아직 정확히는 잘 모르겠어요. 북구에 마을교육공동체 사업을 하는 곳이 저희를 포함해서 5개 단체가 있는 걸로 알고 있습니다. 작년에는 만덕고사회적협동조합이 거점마을교육공동체를 했었지요. 저희도 올해 지원사업 2년 차 정도 되고 하니 "저희가 하겠습니다."라고 선뜻 얘기했습니다. 앞선 경험이 있어서 신규 단체들이 궁금해 하거나 필요한 부분에 대해서 대답해 줄 수 있을 것 같고, 제가 대천마을학교 상근 활동가로 있으면서 학부모 모임이나 여러 모임에서 활동을 한 경험들이 있으니 다른 공동체에서 필요한 도움이나 조언이 될 만한 게 있다면 대답해 주는 정도는 할 수 있지 않을까 생각됩니다.

교육행정에 바라는 게 있다면?

교육감도 바뀌고, 시장도 바뀌고, 구청장도 바뀌었기 때문에 여러 가지 걱정이 앞서는 게 사실입니다. 새로운 사람이 들어오면 긍정적이든 부정적이든 영향을 안 미칠 수 없다는 생각이 들어서요. '혹시 더 어려운 상황이 오진 않을까'하는 걱정이 생기는 거죠. 당장 다행복교육지구사업에 북구교육지원청과 북구청에서 반반씩 재정을 부담하고 있는데, '중단하진 않겠지' 하는 그런 걱정이죠. 지난 5년 동안 마을교육공동체의 존재 가치와 다행복교육지구, 다행복학교, 마을교육공동체의 필요성에 대해서 계속 고민하고 실천하는 분들이 중단 없이 활동을 지속할 수 있게끔 지원이 이어져야 한다고 생각해요. 다행복교육지구도 담당자들의 임기가 2년을 넘기지 못하다 보니 그것으로 인한 아쉬움이 있어요. 후임자가 새로 올 때마다 다시 설명해야 되고요. 그동안 마을과 학교가 함께해 온 활동들이 의미 없는 활동이 되는 일이 없도록 했으면 하고, 마을교육공동체가 지속되기를 바랍니다.

사상성장맘스의 이소용, 고혜선 공동 대표를 '엄궁복지센터 사랑채'에서 만났다. 마을교육공동체는 혼자 할 수 없는 구조라는 생각에 처음부터 공동대표로 출발했다. 두 사람은 분명 다른 느낌의 이미지와 성격으로 보였지만, 오랫동안 희로애락을 함께해서인지 친구처럼 닮아 있었다. 사상성장맘스만의 독특한 점이 있다. 엄마들 중심으로 활동하는 보통의 공동체와 달리 아빠들의 참여도 적극적이다. 활동을 하면서 공동체를 바라보는 아빠들의 시선도 달라졌다. 오랫동안 거점공간이었던 '엄궁복지센터 사랑채'가 재개발 구역에 포함되어 곧 사라질 예정이다. 다른 거점공간을 찾아야 하는 어려움이 따르겠지만, 지금이 사상성장맘스의 다음 장을 쓸 때이다.

사상
성장맘스

이소용·고혜선 공동대표

사상구

사상성장맘스는 '2014년 육아 부담감을 해소하고 건강한 육아교육공동체 확산을
위해 만들어졌다'고 하셨는데 활동의 중심이 되는 연령대가 있으신가요?

이소용 _ 이곳을 찾는 아이들의 연령대가 정말 다양합니다. 특정 연령대를 구분하진 않지만, 한창 뛰
어놀 나이인 6살에서 7살 사이의 미취학 아동들이 주를 이뤄요.

어린이집이나 유치원처럼 특별히 짜여진 프로그램이 있나요?

고혜선 _ 여기는 돌봄 서비스를 제공하는 것이 아니라 엄마와 아이가
함께 와서 활동하고 어우러지는 공간입니다. '엄마 품앗이' 개념이
죠. 공동육아모임에서 시작했고 육아교육공동체로 성장했지만,
지금은 분위기를 바뀌어가고 있어요. 참여 활동을 하고 있는
아이의 최저 연령이 초등학교 1학년 정도예요. "이제는 육아교
육공동체 타이틀을 떼고 마을교육공동체로 바꿔야 하지 않나."
하고 논의 중에 있습니다.

마을교육공동체 사업은 언제부터 시작했습니까?

고혜선 _ 2018년부터 시작했습니다. 벌써 5년이 되었네요.

'사상성장맘스'란 이름은 2014년부터 사용해 온 건가요?

이소용 _ 공모사업에 따라 이름을 바꿔야 하는 경우가 있어요. 구청사업에 참여할 때는 '문화공동체'
라는 이름을 달았고요. 또 다른 사업에 참여할 때는 '육아문화공동체', 부산시교육청사업에 참여할
때는 '육아교육공동체'라는 이름을 사용했어요. 수식어는 다르지만 '사상성장맘스'라는 이름은 그대
로예요.

마을교육공동체 사업 대상이 초·중·고 학생들이라고 했을 때,
사상성장맘스가 해 오던 활동과 약간 결이 다르지 않을까요?

고혜선 _ 아이들을 함께 돌보는 '엄마 품앗이'는 계속 가져가겠지만, 처음 시작했던 아이들이 많이 성
장했기에 청소년 봉사 단체나 환경 동아리도 만들어 볼 계획을 가지고 있어요. 또 그런 시도들을 해
왔고요.

사상성장맘스 운영 프로그램은 환경과 관련된 것이 많습니다.
환경에 관심을 가지게 된 계기가 있으신가요?

이소용 _ 최근 2~3년 코로나로 인해 아이들이 집 밖에서 다른 활동을 할 수 없었잖아요. 집에서 배달 음식을 시켜 먹는 일이 많아졌고, 일회용 그 릇이나 뚜껑같은 플라스틱과 포장된 비닐의 종류나 양이 어마어마 하죠. 환경정화활동도 코로나 이전에는 아이들과 마을을 돌면서 했 는데 그것도 중단되다 보니, 환경에 더 관심을 가지고 돌아보는 계 기가 되었어요. 지금은 숲 체험과 환경정화활동을 함께 하고 있습 니다.

숲 체험은 주로 어디서 하나요?

이소용 _ 승학산에 가기도 하고, 엄광산, 백양산 등 가까운 산은 거의 다 가봤어요.

엄궁복지센터 사랑채는 무엇을 하는 곳인가요?

고혜선 _ •엄궁복지센터 사랑채는 사상구청에서 위탁을 받아 학장종합복지관에서 사회복지사를 두 고 위탁 운영을 하고 있는 공간입니다. 마을 정중앙에 위치하는데, 말 그대로 사랑방 같은 곳이에요. 아이들을 대상으로 블록 수업이나 미술 수업을 했고, 오전에는 어르신, 오후에는 어머니들을 대상으 로 한 다양한 수업을 했지만, 지금은 코로나로 인해 중단된 상태입니다.

> 사상구 학장종합사회복지관 분관 엄궁동 복지관 **•엄궁복지센터 사랑채**는 지난 2013년 4월에 개소했다. 주택
> 을 리모델링한 엄궁복지센터 사랑채는 부산 사상구의 지역 나눔과 소통의 공간으로 복지와 교육, 북 카페 등 주민
> 복지시설의 역할을 담당하고 있다. 1층은 북 카페와 프로그램실 등 주민 여가공간, 2층은 밑반찬 봉사를 위한 주
> 방과 프로그램실, 사무실 등을 갖추고 있다. 지역 봉사자들과 함께 저소득 독거어르신을 위한 밑반찬 배달, 이·미
> 용 봉사, 이불 세탁 등 복지사업과 주민들을 위한 다양한 교육 프로그램이나 바자회, 음악회 등을 진행하고 있다.

엄궁복지센터 사랑채와는 어떻게 인연을 맺었습니까?

고혜선 _ 시댁이 엄궁 복지센터 사랑채 바로 옆이에요. 둘째를 출산하기 한 달 전쯤 시부모님이 계신 이곳으로 이사를 왔어요. 엄궁복지센터 사랑채가 막 세워진 시점이었죠. 첫째 아이가 어렸고, 또 알 고 봤더니 대학 때 친했던 언니가 복지센터 과장으로 있는거에요. "아기 데리고 와서 놀기 좋고, 다양 한 경험을 할 수 있다."고 해서 오게 되었어요.

거점공간 마련에 대한 부담에서 자유로워 좋겠습니다.
앞으로도 계속 공간을 사용하실 계획이신가요?

이소용 _ 이제부터 자유롭지 않을 것 같습니다. 여기가 재개발 구역에 들어 있어요. 내년에는 이주를 해야 해서 가능하면 근처에서 거점 공간을 찾으려고 해요. 구에서는 당장 사랑채와 같은 공간을 지을 계획이 없다고 하네요.

고혜선 _ 우리 마을교육공동체도 그렇지만 사랑채가 엄궁 지역 아이들이나 어르신들께 엄마들의 품 앗이 수업으로 지역 나눔도 하고, 여러 가지 일들을 많이 해 온 곳인데, 그런 공간이 사라진다고 하니 많이 아쉬워요.

마을교육공동체는 어떻게 운영하고 있나요?

이소용 _ 회원들의 회비로 운영하고 있습니다. 마을교육공동체를 운영하다 보면 지원 사업비 안에서 해결 안되는 것이 많이 있어요. 그럴 때 추가적으로 회비를 투입해서 진행하는 경우가 많아요. 만나 면 커피라도 마셔야 하는 데 그런 지출도 많고요.

공동체에서 활동하고 있는 회원들이 몇 명 정도인가요?

이소용 _대표와 운영위원을 포함해서 6명이고, 일반 회원들 포함하면 총 12가족이에요.

역량강화는 어떻게 하고 있나요?

이소용 _ "지난해 진행했던 프로그램과 연계하면 좋겠다"는 교육청 얘기를 듣고, '에코 플래너' 환경 지도사 과정에 주민들 포함해서 모두 17명이 참여했고 일부는 자격증을 땄어요. 배운 것을 바탕으로 6월부터 재활용품으로 '사상구 캐릭터 만들기' 수업을 할 예정입니다.

사상성장맘스의 주력 프로그램은 뭘까요?

고혜선 _ 공동체를 오랫동안 해오다 보니 활동하는 프로그램이 많아졌어요. 회의를 할 때마다 "뭘 좀 빼보자!"고 하지만 더하기보다 빼기가 더 어려워요. 어르신들 나눔 활동도 빼고 싶지만, 또 안 하려니 그렇고. 그런 식으로 계속 가져가게 되면서 점점 프로그램들이 쌓여 왔어요. 주력 프로그램이 있어야 한다는 건 알고 있는데, 지금은 주력프로그램을 찾아가고 있는 과도기라고 할 수 있어요.

회원들 간의 갈등 해소는 어떻게 하고 있나요?

이소용 _ 재작년까지 정말 갈등이 많았어요. "이것을 하자!"고 하면 누군가는 "왜 우리가 이런 것까지 해야 해."라고 하는데 생각 차이를 좁히는 게 쉽지 않았어요. 특히 이념이 맞지 않은 데서 오는 괴리감이 컸어요. 지난해 컨설턴트분이 "일단 만나서 술이라도 한잔해보는 게 어떻겠느냐."고 조언을 하셨어요. 육아 문제도 있고 해서 활동 끝나면 집에 가기 바빴거든요. "언제 한번 '번개팅' 합시다!"하고 얘기를 꺼낸 게 아빠들을 포함해서 전부 만나게 된 계기가 되었어요. 그전에는 아빠들이 만나도 인사만 하고 멀뚱멀뚱 쳐다 만 볼 뿐 항상 뒤에 서 있었는데, 만남 이후로 오히려 아빠들끼리 더 친해졌어요. 서로 연락처를 주고받고, 단톡방을 만들어서 "언제 또 만납시다!", "당구 한 게임 칠까요?"하면서 급속도로 친해졌어요. 그때 활동 이외에 사적으로 만나는 자리가 꼭 필요하다는 것을 깨달았죠. 남편이 낚시 가서 회를 떠오면 다들 모여서 회도 먹고, 그런 분위기가 형성되면서 정말 돈독한 사이가 되었어요.

고혜선 _ 코로나 이전에는 공동체 활동이 엄마 회원 중심이었다면 지난해부터 아빠들이 조금씩 역할을 맡기 시작했어요. 지난해 열렸던 '사상성맘스데이' 행사 때는 아빠들이 추억의 달고나 체험부스를 운영하기도 했고요. 엄마들로만 구성되어 있던 공동체가 아빠들의 참여로 마을교육공동체에 힘을 불어넣고 있어요.

지금까지 마을교육공동체를 만나면서 '아빠'라는 단어가 이렇게 적극적으로 등장한 건 처음입니다. 좋은 점은 무엇일까요?

고혜선 _ 아빠들이 마을교육공동체 활동에 참여하면서 저희들을 바라보는 시선이 달라졌어요. 아이들도 엄마 하고만 활동하다가 아빠가 마을교육공동체 활동에 참여하고, 행사도 같이 하니까 좋아해요. 우리 마을교육공동체에는 초·중학생이 많아요. 아이들이 사춘기를 맞이하면서 부모, 특히 아빠와 서먹해지기도 하는데, 활동을 같이하면서 아빠랑 아이 사이가 더 돈독해진 것 같아요.

초등학생 고학년만 되어도 게임도 해야 하고 자기만의 세계로 들어가는 데, 중·고생들을 마을교육공동체 활동으로 끌어 낸다는 게 수월하지는 않을 듯합니다.

이소용 _ 게임도 해야죠. 다양한 연령대의 아이들이 함께 활동을 하는데, 고학년 아이들이 자연스레 저학년 아이들을 챙겨요. 오랫동안 유대관계를 맺어와서 그런지 시키지 않아도 자연스럽게 그렇게 하더라구요. 활동을 할 때도 고학년을 중심으로 움직이기 시작했어요. 매년 주최하는 프로그램과 사상구나 복지관 등에서 행사를 할 때 아이들이 출석 체크도 하고, 부스도 직접 운영했어요. 그럴 땐 저희는 살짝 뒤로 물러나 있고요.

성장맘스에서 주최하는 행사는 어떤 것이 있나요?

이소용 _ '사상성장맘스데이-방방체험'이라고 지난해 11월, 이곳 사랑채에서 진행했어요. 커피박 화분 만들기나 꽃반지 만들기 부스와 달고나 뽑기 부스 등을 운영했어요. 사상구에서는 마을교육공동체들이 '사상구네트워크'라는 이름으로 매달 한 번씩 회의를 해요. 모라나 덕포에서 하는 '●라포별난놀이터'처럼 공동체마다 매년 행사 하나씩 하고 있는데, 그럴 때면 각 공동체들이 부스로 참여해서 서로에게 힘을 실어주고 있어요.

> ●**라포별난놀이터**는 모라덕포마을교육공동체에서 주최하는 축제로 지난해 11월 6일 모라중학교 운동장에서 '제4회 라포별난놀이터' 행사를 열었다. 마을 교육공동체와 사회복지관, 각종 단체 지원으로 15개 체험부스가 참여했다.

학교와의 연계는 어떻습니까?

고혜선 _ 사상구 엄궁동에는 엄궁중, 엄궁초, 동궁초, 학장중, 학장초등학교 등이 있지만 학교의 벽이 높아요. 작년부터 북부교육지원청 장학사의 적극적인 도움으로 학교에 "사상구에는 이런 마을교육공동체가 있고, 이런 수업을 하고 있습니다."하고 알렸어요. 마을교육공동체를 소개하는 파일도 만들어 학교에 전달하고 접수를 받고 있어요. 그 덕분에 처음으로 덕상초등학교에서 '마을 배우다'라는 주제로 '숲 밧줄 놀이' 수업을 했어요. 그렇지만 엄궁, 학장 지역에는 아직 신청한 학교가 없어요. 한 번 경험해 본 학교는 마을교육공동체의 역할이나 장점을 이해하니까 "이런 것을 더 해주세요." 하며 문을 열어 주는데, 그렇지 않은 학교는 아직 마을교육공동체에 대해서도 잘 모르고 있더라고요.

마을교육공동체를 하면서 "내가 이 일을 하기 참 잘 했다."는 생각이 들 때가 언제인가요?

고혜선 _ 저는 두 아이가 3살, 1살일 때 마을교육공동체를 시작했어요. 아이들이 지금 11살, 9살인데 사상성장맘스와 함께 커 왔어요. 숲 체험을 하러 갈 때면 아이들이 소풍 가는 날을 기다리듯 숲 체험 가는 날을 기다려요. 친구와 동생들, 그리고 언니와 오빠들이 함께 어우러지는데, 아이들끼리 끈끈한 유대 관계가 형성되어 있어서 그런가 봐요. 숲에 가서도 자기 동생만 챙기는 게 아니라 다른 가정의 동생들의 손도 잡고, 업어도 주고, 챙기는 모습이 보기 좋아요. 우리 마을교육공동체에서 아이들에게 이웃을 만들어주고 있고, 아이들이 '함께 커 간다'는 것을 느낄 때 내가 이 일을 잘하고 있구나 하는 생각을 해요.

이소용 _ 마을교육공동체 활동을 같이하던 어머니들이 대체로 그만두는 시점이 있어요. 아이들이 중학생이 되면서 학원비 등 교육비 지출이 많아지면 자연스레 일터로 나가요. 아이 아빠도 "이제 마을교육공동체 활동 그만두면 안 되겠냐."고 은근히 압력을 넣죠. 저도 아이들의 학년이 올라가면서 교육비 지출이 갑자기 늘었거든요. "나 이만큼은 벌 테니까 마을교육공동체 활동을 이해해줘."하고 합의를 봤죠. 지금 시간제 근무로 오전에 3시간 일하고, 오후에 마을교육공동체 활동을 위한 준비를 해요. 마을교육공동체 활동을 주로 주말에 하기는 하지만, 주말에 활동하기 위해선 평일에 운영진 회의도 하고, 만나서 미리 챙겨야 할 것이 많아요. 다른 일도 마찬가지겠지만 공동체 일도 끊임없이 뭘 해야 하고, 시간을 할애해야 해요. 활동만 보면 물 위에 떠있는 백조처럼 아무 일 없는 듯 보일지 모르겠지만, 물밑으론 열심히 발을 저을 수밖에 없어요. 그렇지만 활동을 하면서 아이들이 즐거워하고 행복해하는 모습을 보면 흐뭇해요. 어제도 은행에서 지난해 고추장 나눔 활동에서 알게 된 어르신을 만난다거나, 체험 활동했던 아이들이 지나가다가 인사를 하고 가면, 그런 데서 오는 반가움, 그때 잠시지만 "내가 보람찬 일을 하고 있구나!"하는 생각을 하게되요.

성장맘스 마을교육공동체는 두 분의 대표가 운영하시나요?

이소용 _ 제가 대표를 맡기 전에는 한 분이 대표를 맡아 오셨는데, 도저히 혼자서 할 일이 아니었어요. 제가 총무를 하다가 대표를 맡으면서 "우리는 공동으로 대표를 하자!"고 했죠. 또 대표란 직책이 독단적으로 혼자 결정하고 하는 자리가 아니잖아요. 회원들의 의견수렴하고 회의를 통해 결정을 하죠. 대표는 의견을 모으고 조율하는 자리라고 생각해요. 그리고 주위에 정말 세세한 부분까지 챙겨보는 꼼꼼한 사람들이 있어요. 제가 줏대가 없는 건 아니지만 대체로 맞는 말들이에요. 그래서 제가 항상 하는 말이 "그래, 알았어. 잠깐만 있어 봐."예요.

고혜선 _ 우리가 공동대표를 맡은 지 3~4년이 되었어요. 주변의 '주례쌈지마을교육공동체'나 '학장다가치' 도 힘이 드는지 올해부터 공동대표로 하시더라고요.

거점마을교육공동체로 어떤 역할을 하시나요?

이소용 _ 저희 성장맘스가 거점마을교육공동체라는 얘기를 들었을 때 솔직히 부담스러웠어요. "우리 보고하라고? 출석표를 작성해야 하고, 대관도 해야 하는데"하는 생각이 먼저 들었어요. 마을교육공동체활동만 하더라도 벅찬 부분이 있거든요. 처음에는 못하겠다고 했어요. 그런데 사상다행복교육지원센터에서 거점활동을 하면 역량을 올리기 위한 교육도 하고, 어느 정도 단계를 올릴 수 있도록 도와줄 계획이라고 얘기하셔서 수락했습니다.

교육행정에 바라는 게 있다면요?

이소용 _ 마을교육공동체 활동 정산서류 작성방법이 간편해졌으면 해요. 지난해까지 복지관에 속해 있었기 때문에 결제나 이체와 같은 회계 업무를 복지관에서 거의 다 해줬어요. 그래서 저희는 활동만 하면 됐죠. 필요한 물품도 링크를 보내주면 구입해 줬기에 저희가 직접 물품 살 일이 없었어요. 그렇게 4년을 활동만 했어요. 올해부터 제가 서류 작성과 회계 업무를 하고 있는데 어려워요. 시교육청 입장도 이해는 가요. 예산을 받았으니 지출 과정이 있어야 하고, 구매 자료의 사진도, 활동사진도 있어야 하고, 세금도 있어야 하고, 증빙을 해야 할 게 있다면 증빙하는 게 맞죠. 사업에 참여하는 누구나 쉽게 사용할 수 있는 정산 프로그램이 있으면 좋겠어요. 왜 유치원이나 회계 업무 보는 곳에는 회계 프로그램이 다 있잖아요. 영수증 하나가 없어졌는데, 그것을 못 찾아서 나중에 환수를 당했다는 얘기까지 들으니까 그런 생각이 더 들더라구요. 그리고 백화점이나 마트 영수증은 휘발성이 있어서 일정 기간이 지나면 글씨가 안 보일 정도로 색이 달아나 버려요. 원본을 복사하고 붙이는 식의 파일을 만들지 말고 프로그램에 영수증을 첨부하면 자동으로 확인하는 방법, 그럼 원본도 필요 없잖아요. 장기적으로 바라본다면 마을교육공동체 정산서류를 간소하게 하는 방법을 찾을 필요가 있다고 생각해요.

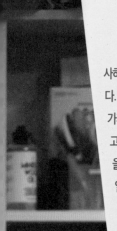

사하구 하단동 상가건물에 마련된 고니마을교육공동체 거점 공간에서 김명애 대표를 만났다. 공간은 한 평 남짓했지만, 물건 하나하나 단정하게 정리되어 있었고, 하얀 테이블 위에 가지런히 놓인 흰색 재봉틀 두 대가 고니마을공동체의 메인 프로그램이 무엇인지 말해주고 있었다. 고니마을교육공동체는 2019년에 만들어졌지만 2016년부터 다양한 봉사활동을 해오고 있었다. 하남초등학교 학부모들과 '씨앗 동아리'를 만들어 어린이 경제 장터를 열었고, 2018년부터 사하구 중고등학교 학부모들과 '고니봉사단'을 만들어, 외부로 봉사활동을 다니던 학생들을 사하구에서 활동할 수 있도록 돕고 있다. 1365자원봉사센터 하단 캠프도 함께 운영하고 있다. 하남초등학교에서 만든 5~6학년 사회 교과서에 고니마을교육공동체와 함께하는 활동이 포함되어 있다. 김명애 대표는 마을마다 어르신들을 위해 마을건강센터가 세워지듯, 마을에서 아이들이 건강하고 안전하게 성장할 수 있도록 마을교육공동체를 위한 공간이 만들어져야 한다고 생각하고 있다.

사하구

고니 마을교육 공동체

김명애 공동대표

왜 마을교육교동체 이름을 '고니'라고 지었나요?

우리 동네 바로 옆에 철새 도래지 을숙도가 있고, 사하구 상징 동물이 고니예요. 그래서 우리 마을을 '고니마을'이라고 하고, 마을교육공동체 이름도 고니라고 지었어요. 고니마을교육공동체란 이름은 2019년 말부터 사용하기 시작했어요. 그전에는 경력 단절된 학부모들의 동아리 '하남마을교육공동체'라고도 불렀지만, 공식 명칭은 아니었어요. 마을교육공동체란 말도 어디서 듣긴 들어서 사용을 했죠.

환경과 관련된 활동들이 도드라져 보입니다.

평소 환경운동에 관심이 많았고, 마을을 깨끗하고 건강하게 만들려면 환경부터 관심을 가져야 한다는 생각이 있었어요. 그래서 우리 마을교육공동체의 주력 활동도 업사이클링을 위한 바느질과 마을 환경을 살리는 활동입니다.

마을활동은 언제부터 시작했습니까?

2010년쯤부터 제가 아이쿱생협 활동을 시작했었는데, 생협 활동은 마을모임이 별도로 있어요. 각 마을에서 모임을 하면 회원을 중심으로 지원을 해주고, 새로운 먹거리에 대한 정보도 제공해 줘요. 2016년도에 시교육청에서 씨앗 동아리 공모가 있었어요. '학부모들이 하고 싶고 만들고 싶은 동아리를 만들면 교육청에서 지원하겠다'는 내용을 보았어요. 생협 마을모임에서 동아리를 만들어 보자는 의견이 나왔어요. 생협 회원들이 환경에 관심이 많았어요. 대부분 학부모들이었고 이 회원들을 중심으로 독서 동아리로 공모에 참여했는데 선정이 되었어요. 첫해는 동아리 앞으로 지원금이 나왔는데, 그다음 해부터 학교를 통해 지원금을 받게끔 했어요. 학교와의 연계를 염두에 두고 그렇게 하지 않았나 싶어요. 덕분에 하남초등학교와도 가까워졌죠. 씨앗 동아리 활동을 하면서 조금씩 마을에도 관심을 가지기 시작했어요.

2018년에는 중고등학교 학부모님들과 '고니 봉사단'을 만들었어요. 중고등학생 학교 활동 과정에 봉사활동 시간이 필요해요. 그런데 그 당시 사하구 내의 중고등학생들이 사하구가 아니라 멀리있는 다른 구로 가서 봉사 활동을 하는 거예요. "왜 사하구 밖으로 나가서 봉사 활동을 하느냐?"고 물었더니 "사하구는 할 곳이 없어요."라는 거예요. 사하구에도 청소할 곳이 많아요 괴정천이나 다대포 '윤공단'

도 있는데 말이죠. 학생들에게 봉사할 수 있는 장소를 알려줄 단체가 없었던 거죠. 그래서 고니봉사단을 만들게 되었어요. 1365자원봉사센터가 구마다 있는데, 사하구 1365자원봉사단에서 "하단 캠프를 맡아 달라."는 요청이 들어왔어요. 하단의 청소년들이 봉사점수를 받기 위해 멀리까지 가지 않아도 되겠다는 생각에 수락을 했어요.

씨앗 동아리에서 진행한 프로그램을 소개해주세요.

3년 차가 되던 해, "우리 마을을 위해서 할 수 있는 게 뭘까?" 곰곰이 생각하다가 벼룩시장 같은 '어린이 경제 장터'를 열어보자는 얘기가 나왔어요. 어린이 경제 장터에 관심 있는 후원자를 알아보고, 재능을 가진 학부모님들을 찾아다녔죠. 이를테면 페이스페인팅을 잘한다거나, 전래놀이를 할 수 있는 사람 등 다양한 사람이 필요했어요. 그런데 주위에 경력이 단절된 능력 있는 학부모들이 너무 많았어요. 미술과 드론 선생님도 그렇게 만났죠. 동네 방앗간 사장님께서는 떡볶이 떡도 후원해 주셨어요. 솜사탕 기계를 돌리는 데 필요한 전기는 가까운 마트서 끌어 쓸 수 있게 해주셨어요.

어린이 경제 장터에서 유전자 변형 없는 농수산물 음식을 알리고 싶었어요. 유기농 옥수수나 팝콘도 판매하고, 공정 무역을 통해서 들어온 설탕으로 만든 솜사탕으로 아이들한테 공정무역이 무엇인지, 왜 그런 설탕을 먹어야 하는지 알리고도 싶었어요. 취지에 공감한 하남초등학교에서 전교생을 대상으로 홍보를 해줬어요. 선착순으로 셀러를 모집했는데 100명이 모집되었어요. 그래서 100명이 물건을 팔 수 있는 공간을 찾아야 했어요. 우리끼리 20~30명 모여서 자그맣게 할 계획이었는데 일이 커져 버린 거죠. 찾은 장소가 학교와 아파트 사이 골목이었는데, 잡초가 자라고 냄새도 나는 방치된 골목이었어요. 주민센터의 도움을 받아 골목을 말끔하게 청소를 했죠. 장터에는 천 명 이상의 사람이 왔어요. 이 조용한 동네에 말이죠. 자그마한 놀이판에 수많은 사람들이 몰려와 구경하고, 관심 갖고, 즐거워하는 것을 보면서 "문화가 이렇게 중요하구나!"하고 느꼈어요.

마을교육공동체의 다른 활동으로는 어떤 것이 있을까요?

알다시피 2020년 들면서 전 세계적으로 코로나가 유행하기 시작했잖아요. 한동안 마스크가 없어서 난리가 아니었죠. 그때 재능 나눔의 일환으로 "마스크를 만들어서 기부를 하자!"는 의견이 나왔어요. 학원을 운영하는 어느 선생님이 좋은 일을 한다며 학원을 빌려주셨어요. 학원의 수업이 없는 시간에 엄마들 10명 정도가 돌아가면서 시간 날 때마다 가서 마스크를 만들어 기부를 했죠. 그러면서 엄마들과의 관계가 단단하고 깊어졌어요.

마스크를 만들 정도라면 회원들 바느질 솜씨가 보통이 아니었던 모양입니다.

저희가 하는 주된 수업이 환경과 뜨개질이에요. 초등학교 사회와 실과 수업에 바느질 배우기가 있어요. 아이들을 가르치는 학교 선생님이라도 다 잘할 순 없잖아요. 바느질이 서툰 선생님은 그동안 문방구에서 파는 바느질 키트로 수업을 하셨어요. 2018년 학교에서 "학부모님 중에 바느질 잘하는 분이 있으면 도와 달라."는 제안이 들어왔어요. 그렇게 해서 바느질에 재능 있는 엄마들을 모았고, 에코가방이나 인형 만들기 같은 손바느질 수업을 하게 되었어요. 처음에는 우리도 아이들을 가르치는 것이 서툴렀죠. 천연 염색은 수업을 위해 따로 배워야 했고요. 선생님들이 "수업하는 내내 아이들이 너무 즐거워했다."라며 "엄마들이 학교 선생님이 되어서 수업을 하니까 아이들이 너무 좋아했다."고 전해 줬어요. 2019년에도 수업을 맡게 되었는데, 마을 가까이에 있는 괴정천이 너무 오염이 되어 있었죠. 5학년을 대상으로 수질 정화를 위한 EM흙공만들기 수업을 제안했는데, 학교에서 선뜻 받아들여 줬어요. 뜨개질과 EM 흙공만들기 수업이 2019년, 2020년, 2021년도 계속해서 학교 교과 과정에 들어가게 되었어요.

교육청 지원 사업인 마을교육공동체 사업은 언제부터 시작했습니까?

2020년도에 학교 선생님으로부터 "교육청에서 진행하는 마을교육공동체 사업이 있는데 보조금 지원도 해준다."는 얘기를 들었어요. 그때부터 마을교육공동체에 대해서 알아보기 시작했죠. 사하구는 이미 다행복교육지구로서 지정되어 있었고, 주위에 마을교육공동체들이 있다는 것도 그때 알았어요. 하지만 마을교육공체를 어떻게 꾸리고 준비해야 하는지는 몰랐고, 주변에 가르쳐 주는 분도 없었어요. 정말 그땐 맨땅에 헤딩하듯 어렵게 공모에 지원했지만 떨어졌고, 2021년에 다시 공모를 해서 선정되었어요. 소꿉장난처럼 시작했던 모임이 교육청 공모에 선정되면서 공적인 단체가 되었죠. 그 사이 많은 변화가 있었어요. 어깨에 힘도 쪼끔 들어갔고요. 작년에는 진짜 열심히 활동을 했어요.

구체적으로 어떤 활동을 했습니까?

하남초등학교 학생들을 대상으로 한 여름계절학교를 방학 전 일주일 정도 운영했었어요. 학교 선생님들이 여름계절학교를 만드는 과정에서 어려움이 많았을 것이라고 짐작이 돼요. "왜 이런 수업을 해야 하느냐?", "왜 외부 사람이 들어와서 수업을 하느냐?"는 의견도 있었을 테고, "우리 수업을 왜 학부모들한테 주느냐?"는 선생님들의 반문도 있었을 거예요. 담당 선생님과 함께 이런 의구심을 해소하기 위한 노력이 필요했죠. 학교의 미일이 아이들을 함께 키우며 협력하는 문화를 만들어가기 위해 이해시키고 설득하는 과정이 필요했어요.

고니마을교육공동체는 학교와의 연계가 큰 어려움 없이 잘 진행되고 있는 것 같습니다.
학교 연계의 과정을 소개해 주시겠어요?

운 좋게도 처음부터 학교와 연계가 자연스럽게 만들어졌어요. 학교와 협의가 잘 되었죠. 하남초등학
교에서 만든 5~6학년 사회 교과서에 고니마을교육공동체와 함께하는 활동이 들어가 있어요. 하남초
등학교 선생님들 덕분이죠. 진짜 힘든 과정을 거치면서 선생님들이 만들어 준 거예요. 선생님들과 같
이 논의할 때 많이 나오는 의견이 "특정 수업을 학부모가 맡아줄 수 있는 능력이 있는가?"하는 점이
었어요. 학교에서 먼저 마을교육공동체에 요청을 했고, 마을교육공동체는 그에 맞는 재능을 가진 분
들을 찾아내고, 참여시키면서 같이 배우고 함께 성장한 거죠. 처음에는 동네 아줌마, 학부모였는데
지금은 사하구 전체로 수업을 나갈 정도로 성장했어요. 열 명의 활동가가 동시에 수업을 진행할 수
있을 정도로 공동체의 역량도 쌓였고요. 교육청에서는 활동가들에게 참 좋은 강의를 많이 열어 줬어
요. 저희가 듣고 좋은 내용들은, 회원들과도 공유를 많이 해요.

학교와 연계해서 활동을 하고 싶어도 학교가 문을 열어주지 않는 곳도 많아요. 결정권을 가진 교장
선생님이 관심이 없으면 학교 문턱을 넘기가 어려워요. 교육청에서 장기적으로 이 사업을 진행한다
면 저희한테 마을교육공동체에 대해서 알려주듯 학교의 결정권을 가진 분들에게도 마을교육공동체
에 대한 교육이 필요하다고 생각해요. 저희는 학교에서 먼저 손을 내밀어 줘서 가능했지만, 스스로의
힘으로 학교의 벽을 넘으라고 했다면 아마 무척이나 힘들었을 거예요.

거점공간 마련은 어떻게 했습니까?

2021년 마을교육공동체로 선정되었지만, 우리만의 공간이 없었어요. 지인이 자신이 운영하는
학원 한편에 물건을 두고 사용하라고 했지만, 학원을 운영하지 않는 날에 맞춰 사
용하기가 쉽진 않았어요. 우리만의 공간이 간절했죠. "공간만 있다면 우리 동
네 사람들 다 끌고 올 수도 있겠다."는 마음이 었어요. 우연히 아파트 상가
부동산에 2층의 세가 얼마인지 물어봤는데 보증금 300만원에 월세가
12만 원이라는 거예요. 정말 저렴하죠. 회원들 회비나 후원 없이도 월
15만 원 정도면 감당할 수 있겠다 싶었던 터라 당장 얻어달라고 요청 드
렸죠. 그때까지 비어 있는 공간이 없었는데, 운 좋게도 피아노 연습실로
사용하던 공간이 빠져서 바로 계약을 했어요.

거점공간을 꾸미는 과정에 대해서도 이야기해 주세요?

거점공간이 한 평이에요. 생각보다 너무 작죠. 공간을 꾸미는 과정도 재미있었어요. 공간을 어떻게 꾸미면 좋을지 회원들한테 공지를 했죠. 회원들이 베란다에 안 쓰는 테이블이 있다고 해서 들고 오고, 남편 회사 원룸에 안쓰는 냉장고가 있다고하면서 가져왔어요. 의자는 "언니 나는 다른 것은 못 해도 이케아 의자가 저렴하니까 몇 개 사서 넣을게요."하고 넣어주었지요. 지난 겨울에는 회원의 집 창고에 안 쓰고 있던 히터를 들고 온 덕분에 추위를 잘 견디어 냈죠. 선풍기도 그랬고요. 에어컨은 지역에 계시는 분이 "다들 좋은 일을 하고 있는데 별로 해줄 게 없다."면서 설치해 준 거예요. 원래 이곳에 달려 있던 건데 떼서 가져가려는 것을 저렴한 가격에 구입을 했죠. 거울은 근처 '거창 유리'에서 후원해 주셨고요. 그렇게 하나하나 품앗이하듯 필요한 것들을 모아서 이 공간을 완성했어요. 하단 캠프 봉사 센터에서도 남는 책상이 있다고해서 이곳으로 가져왔어요. 공간은 비록 작지만, 저희한테 이 공간이 갖는 가치는 엄청납니다. 공간이 생기고 나서 사업의 규모도 커졌고 주민들의 관심도 높아졌고요. 활동가들도 시간만 나면 와요. 아마도 공간이 1층에 있었다면 공동체가 훨씬 더 활성화되었겠죠.

활동가들의 역량강화는 어떻게 하고 있습니까?

라탄 공예만 해도 그래요. 우리가 돈이 없으니 학부모 중에서 라탄 공예를 할 줄 아는 분을 수소문해서 찾았어요. 그분을 모시고 이곳에 모여 날이면 날마다 배웠어요. 지금은 마을교육공동체 역량강화를 위한 비용이 책정되어 있어서, 그나마 얼마라도 강사비를 드릴 수 있어서 다행이에요.

활동가들의 역량 강화는 주로 거점공간에서 하나요?

네, 그런데 공간이 좁아서 오전, 오후, 주말로 나눠서 배우고 있습니다.

학교에 수업 나가는 것 외에 아이들과 활동하기 공간이 따로 있으신가요?

올해부터 하남초등학교에서 마을학교를 운영하기로 했었는데, 여름방학 때 하남초등학교가 석면철거공사를 하는 바람에 어렵게 되었어요. 지인이 사용하지 않는 시간대에 공간을 내어주겠다고 해서 얘기 중에 있습니다.

도서관이나 행정복지센터에는 여유 공간이 있지 않을까요?

직은 도서판노 이봉알 수 있고, 행정복지센터도 공간이 있어요. "그런 곳을 이용해 보면 어떻겠냐?"라는 이야기를 많이 듣지만, 실제로 마을교육공동체를 운영해 보면 "공간은 가까운 데 있어야 된다.", "찻길을 건너면 안 된다.", "마을 안에서 움직일 수 있는 그런 장소여야 한다."는 거였어요. 프로그램 운영도 중요하지만 아이들과 어른들이 쉽고 편하게 올 수 있는 장소, 그게 더 중요하더라고요.

마을교육공동체를 운영하면서 기억에 남는 일이 있다면요?

학교나 마을에서 아이들이 "에코 가방 선생님이다. 나 인형 만들었잖아요, 지금도 이렇게 달고 다녀요." 하고 먼저 아는 체를 해오면 진짜 기분 좋아요. 그리고 EM흙공 만드는 과정을 어떤 아이가 휴대폰으로 찍어 영상을 만들어 올렸는데, 영상 후반부에 '고니마을교육공동체 너무 감사합니다.'하고 올린 거예요. 담임 선생님이 보고 감격해서 저희한테 보내주셨어요. 선생님이 "나한테 감사하다고 해야지."하고 말했더니 아이들이 "아니에요. 공동체 선생님들은 우리한테 맨날 와서 이거 만들어주셨잖아요."하고 얘기했다는 거예요. 전 그 영상 보고 울었어요. 영상에는 아이들이 학교 밖으로 나와 서로 손을 잡고 걷는데, 한 손에는 EM 흙공을 담은 옥수수 전분으로 만든 봉지를 들고, 마을 구경을 하면서 흙공을 하천에 던지는 장면까지 나와요. 한 번은 애들이 하천에 EM 흙공을 던지니까 동네 어르신들이 쓰레기를 버리는 줄 알고 뛰어나와서 뭐라고 하시는 거예요. 아이들이 EM 흙공을 만들면서 배웠던 지식을 어르신한테 설명해 주던 게 인상적이었어요. 기억에 남아요.

거점마을교육공동체로 선정이 되고 달라진 점이 있다면?

지난해 처음 마을교육공동체로 선정되었어요. 사하구 공동체 모임을 나가보니 저희를 제외하곤 대부분이 2018년부터 활동을 해 왔더라고요. 서로 알음알음으로 알고 있는 사이였고요. 사하구가 다른 지역보다 훨씬 빨리 마을교육공동체를 시작했다는 것을 들었죠. 그래서 저희한테 작년 1년은 지켜보는 단계였어요. 돌아가면서 하는 거점마을이긴 하지만 형식적인 거점마을이 아니라 사하구 전체가 거점마을교육공동체로 거듭났으면 좋겠어요. 먼저 나서기 조심스러운 면도 있지만, 내가 밉상이 되더라도 말을 좀 많이 해야겠다고 생각하고 있어요. 왕따가 될지도 몰라요. 사하구에는 잘 하고 계시는 분들이 많아요. 작년에도 우리끼리 만나 같이 '이런저런 일을 해보자'고 얘기를 많이 나눴어요. 거점 마을이라는 이름을 빌미 삼아 같이 많은 것을 함께 했으면 좋겠어요.

교육행정에 바라는 게 있다면?

교육행정이 아니라 국가에 바라는 것인지도 모르겠어요. 마을마다 어르신들을 위한 마을건강센터가 만들어지고 있잖아요. 그곳에서 어르신들이 혈압도 재고, 건강 체크를 위해 피를 뽑기도 하죠. 간단하게 검진할 수 있는 것은 병원을 안 가도 될 정도예요. 어르신들의 건강을 위한 체조도 노인정이 아니라 마을건강센터에서 해요. 기능은 다르지만, 한국자유총연맹이나 새마을부녀회 같은 곳도 지역마다 없는 곳이 없어요. 이런 기관이나 단체는 다 공적인 공간을 사용하고 있죠. 개인 비용을 들여서 만든 게 아니라 국가에서 만들어 준 겁니다. 제가 말하고 싶은 건 저출산 문제도 그렇고, 마을에서 아이들이 건강하게 자라기를 원한다면 마을교육공동체를 바라보는 시선도 바뀌어야 한다는 겁니다. 저는 "아이들 이야기에 귀를 기울여 줄 수 있는 마을의 어른이 되어야겠다."는 마음으로 이 일을 하고 있어요. 우리 공동체가 마을교육공동체이지만 교육을 빼면 마을공동체잖아요. 마을건강센터처럼 마을교육공동체도 센터가 있어서 아이들을 중심에 둔 마을 사람들의 거점공간이 될 수 있다면 그 마을은 정말 따뜻하고 아름다운 마을이 될 수 있지 않을까 하는 생각을 합니다.

다하자D.H.A.H마을교육공동체 권해영 대표를 서구 동대신 3동 주민센터 앞 커피숍에서 만났다. 2021년 마을교육공동체를 만들었고, 거점공간 없이 동신초등학교를 중심으로 서구 관내 5개 학교를 대상으로 수업을 진행해 왔다. 지난해는 '책 읽어 주기'와 '난타'로 수업을 했고, 올해는 청소년 마을 기자단을 모집하여 마을 소식지를 만드는 계획과 우쿨렐레 수업에 참여한 마을 주민과 어르신들과 아이들이 하고 있는 난타를 함께 무대에 올리는 꿈을 가지고 있다. 권혜영대표는 '생각이든 행동이든 아이들 스스로가 자기 주도적으로 계획하고 방향을 잡고 살아갈 수 있도록 도와주는 게 마을 교육공동체의 목적'이라고 믿고 있다. 서구 관내는 아이들을 위한 환경이 좋은 편이 아니다. 경로당이 80개가 있다고 하면 어린이 시설은 3~4개 밖에 없을 정도로 열악하다. "경로당이 경로당이라는 틀 안에 갇혀있지 않고 아이들과 어르신들이 같이 어우러질 수 있는 공간으로 변할 수 있다면, 마을에 활력을 불어넣을 소통 공간이 될 것이다."라는 제안도 했다.

권혜영 공동대표

다하자
D.H.A.H

다하자 D.H.A.H는 무슨 뜻인가요?

처음에는 이름 앞에 '다하자'가 없이 'DHAH마을교육공동체'였어요. 드림(Dream, 하모니(Harmony, 아트(Art, 해피니스(Happiness'라는 뜻인데 다들 어렵다는 얘기를 했어요. 귀에 쏙 들어오지도 않고 입에 붙는 데 시간이 걸리긴 하죠. 그래서 회원들 성격상 뭐든 "그래 할까, 다 하자, 하면 되지!"하는 편이어서 앞에 '다하자'를 덧붙였어요.

장르 불문하고 다하자는 건 가지가 너무 많아질 수 있지 않나요?

다양하게 하자는 의미도 있지만 "좋은 일 궂은일 가리지 말고 잘하자!"는 의미도 있어요. 작년엔 처음이다 보니 정말 가지가 많았어요. 이 분야도 해보고 싶고, 저 분야도 해보고 싶어 다양하게 시도하다 보니 우여곡절도 많았죠. 올해는 시행착오를 겪었던 것을 토대로 좀 더 안정을 찾으려 노력하고 있어요. 어떻게 하면 마을에 잘 녹아들 수 있을까 고민하고 있어요.

앞으로 가고자 하는 활동의 방향이 있다면요?

두 가지를 꼽고 있어요. 하나는 아이들이 마을에서 자신의 역량을 마음껏 펼칠 수 있는 환경을 만드는 게 목표입니다. 5월부터 청소년 마을 기자단을 모집하고 있어요. 기자단은 마을소개와 환경에 관해 취재할 예정이에요. 또 다른 한 가지는 지난해 성과가 좋았던 음악 활동을 계속 하려고 해요. 아이들과 난타를 하고 있는데, 동네 주민분이나 어르신 대상으로 하는 음악활동도 준비할까 해요. 어르신들이 접근하기 쉽고 집에서 연습하기 쉬운 악기가 뭐가 있을까 고민했는데, 배워보신 분들이 우쿨렐레를 추천해 주시더라고요. 우쿨렐레와 난타를 함께 무대에 올리는 게 지금의 저희 최종 목표예요.

청소년 기자단 활동에 마을 소개와 환경을 접목하려고 하는데, 마을 주변에 환경 포인트가 될 만한 곳이 있나요?

구덕산도 있고, 지난해 만든 도심 산책로 '숲또랑길'이 가까이 있어요. 산도 있고, 조그마한 개울도 있는 산책하기 좋은 길이죠. 이미 알려진 관광 명소보다는 작고 소소하지만, 의미 있는 마을의 공간들을 알리고 싶어요. 그리고 지금 환경이 핫한 화두로 자리 잡고 있잖아요. 그래서 저희도 제로 웨이스트(zero waste. 생활 속에서 배출되는 쓰레기를 최소화하는 사회운동 역량 강화의 시간을 가졌어요. 지금 제로 웨이스트에 관한 프로그램으로 공공기관의 문을 두드리는 중입니다.

마을교육공동체는 어떤 계기로 시작했습니까?

마을교육공동체는 2021년도부터 했어요. 시작은 2017년이라고 할 수 있는데, 동신초등학교의 '책 읽어주는 동아리'가 바탕이 되었죠. '책 읽어주는 어머니' 역할도 하고, 전래놀이 수업도 했는데 아이들과 함께 하는 게 너무 행복했어요. 동아리 활동을 하면서 공동체의 성격을 띠면 더 좋을 것 같다는 생각을 하고 있던 차에, 동신초등학교 교장선생님께서 "부산시교육청 지원 사업 중에 마을교육공동체가 있는데 도전해 보면 어떻겠냐?"고 제안을 하셨어요. 정말 멋모르고 시작했습니다.

학교에서 먼저 손을 내밀고 도와주셨네요. 학교 외에 함께 활동하는 곳이 있으신가요?

지난해는 서구에 있는 다섯 군데 학교에서 수업을 했어요. 그렇지만 아직 공공기관과는 같이 일을 해본 적이 없어서 풀어야 할 숙제도 많아요. 학교도 중요하지만, 마을 속에 녹아들려면 공공기관과도 함께 일을 해야 된다고 생각하거든요. 동대신동 주민센터에 수업 프로그램과 사업 계획서를 전달해 놓은 상태에요.

활동가는 몇 명인가요?

책 읽어주는 동아리 때 활동하던 분들로 시작했는데, 지금은 활동가가 열다섯 명 정도 됩니다. 조금 늘었어요. 임원진은 네다섯 정도입니다. 함께 손발을 맞춰왔던 분들이어서 일을 진행하는 데 수월해요. 물론 어디나 그렇겠지만 우여곡절도 있었죠.

아이들에게 '책 읽어주기'는 부모가 되면 쉽게 접근할 수 있지만
난타나 우쿨렐레, 기자단과 같은 활동은 어떻게 진행하는지요?

지난해 난타 역량 강화를 했어요. 쉽지는 않지만, 난타를 통해 스트레스를 많이 풀었죠. 막 두드려야 하니까 스트레스 풀기에 딱 좋았어요. 우쿨렐레는 8월 한 달간 모집하고 9월부터 역량 강화 수업이 들어갈 예정입니다. 마을 기자단의 경우 지금 시작 단계여서 조금 걱정이 앞서긴 합니다. 기자라면 거창하게 느껴지기도 하지만, 기자단 경험을 통해서 자신의 생각을 잘 풀어낼 수 있는 아이들로 성장했으면 해요. 요즘 아이들은 보기와 달리 자기 생각을 얘기하는 것을 힘들어하는 것 같아요. 어떤 활동을 했을 때 단순히 '재미있다' 혹은 '재미없다'로 그치는 게 아니라 이러저러해서 즐겁고 아쉽다고, 자신의 생각을 이야기하는 연습이 필요하다는 생각이 들었어요. 기사를 쓰는 게 목적이지만 아이들이 흥미를 느낄 수 있도록 가볍게 접근하려고 해요. 마을 알기는 두 달에 한 번씩 모여서 특정 장소를 가보고, 한 달에 한 번씩 아이들이 소개하고 싶은 장소를 글로 써 보는 작업을 할까 해요. 누군가

가 "우리 집 앞의 놀이터가 재미있어요!"라고 하면 놀이터를 소개하는 글을 써 보게 하는 식이죠. 마을 기자단 활동을 통해 마을 신문을 만드는 게 최종 목표지만, 그게 힘들면 리플릿이라도 만들어 볼 생각입니다. 어떻게 하면 글을 잘 쓸 수 있는지 독립서점을 운영하는 분께 강의 요청도 드려놨어요.

**외부 강사를 초빙하는 형태가 아니라 공동체 자체의 역량 강화를 통해
학생들을 가르치려면 활동가들도 배움의 시간이 필요해 보입니다.**

저는 '가랑비에 옷 젖는다'는 말을 좋아해요. 일에 있어서 한 번의 폭우에 확 젖어 버리듯 하면 순간 반응은 클지 몰라도 금방 열정이 사그라질 것 같거든요. 저는 차츰차츰 젖어 드는 게 좋다고 생각하지만 '빠르게 성과를 만들어 냈으면 좋겠다'고 생각하는 분들도 있어요. 악기를 배우더라도 최소 두세 달은 시간을 쏟아야 하다 보니 중간에 지쳐버리기도 해요. 그래서 올해는 가능하면 역량 강화의 시간을 너무 길게 가지기보다 핵심적인 것에 좀 더 중점을 두려고 해요.

거점공간이 없는데 앞으로는 계획이 있는지요?

공간을 만들어 보려고 노력을 많이 했어요. 사업비로는 임대료를 낼 수가 없고, 그렇다고 우리가 하는 활동이 수익을 창출하는 사업이 아니지 않습니까. 외부로 강의를 나가거나 해서 수익을 내야 하

는데, 매달 임대료를 내면서까지 운영하기에는 감당해야 할 몫이 너무 컸어요. 그래서 다른 방향으로 알아보고 있습니다. 지난 2020년 12월 대신동 산복 도로에 '구덕골 호호마을 산복정거장'이라는 공간이 멋지게 지어졌어요. 주민 커뮤니티 공간이자 전시관으로 운영할 계획이었던 것 같은데, 1년이 넘도록 비워놓고 사용하지 않는 듯했어요. 알아보니 위탁을 통해 수익성 있는 사업을 진행할 곳을 모집했는데 두 번이나 유찰되었다고 하더라고요. 산복 도로에 수익성을 기대하며 뛰어들 곳을 찾기란 쉽지 않았겠죠. 건물 1층은 구청, 2층은 행정복지센터로 운영 주최가 나뉘어져 있는데, 2층 한편이라도 좋으니 마을 주민들이 자유롭게 이용할 수 있는 공간으로 활용해 보겠다고 행정복지센터에 계속 얘기하고 있는 중입니다.

수익이 없는 상황에서 임대료를 내어가며 공간을 운영하기란 쉽지 않습니다. 그래도 계속 활동을 하는 이유가 있다면?

회원으로 있던 분이 나가면서 했던 말이 "돈 안 되는 일을 왜 이렇게 열심히 열정적으로 하느냐?" 였어요. 스스로에게 반문을 했죠. "나는 왜 돈도 안 되는 일을 열심히 하고 있을까?"하고요. 딸이 올해 중3이에요. 어느 날 딸애가 저한테 "엄마가 아이들과 즐겁게 놀면서 행복해하고, 활동을 하고 있는 모습이 보기 좋다"며 "엄마가 마을활동가여서 너무 멋지다!"고 얘기하더라고요. 그 말을 듣는데 "내가 돈보다 더 큰 걸 얻었구나!"하는 생각을 했어요.

그런 말이 마을교육공동체를 운영하면서 가지는 보람이겠어요

학교 아이들이 저한테 선생님이라 부르고, 와서 안기고 하는 게 너무 좋아요. 이 일이 돈이 되는 일은 아니지만, 아이들을 통해서 제가 성장하고 있는 것을 느껴요. 역량 강화를 통해 강사로도 활동할 수 있고, 그래서 더 열심히 하고 있어요. 저희 회원들 중에도 강사로 활동하고 있는 분들이 있는데 아쉬운 건 회원이기 때문에 강의료를 지급할 수 없다는 점이에요. 재능 기부만 해야 하는 상황이니까 어느 순간 지치게 되더라고요. 아이들이 주는 즐거움이나 보람과는 또 다른 문제예요. 액수의 크고 작음을 얘기하는 것도 아니고요. 적은 비용이라도 주어진다면 자신이 하는 일에 대한 가치를 존중받고 있다는 느낌을 받을 수 있지 않을까 하는 생각이 들어요.

마을교육공동체 모임은 주로 어디서 하나요?

거점공간은 없지만 다행히 지난해는 학교에서 문을 열어줘서 학부모 회의실에서 주로 활동을 했고, 소소한 모임은 커피숍에 모여 했어요. 올해는 여기저기 알아보고 있는데, 서구에는 공공공간 중에 회의실로 문을 열어 놓은 곳이 많았어요. ●부산서구건강가정다문화가족지원센터에서도 회의 장소나 공간을 제공해 주시더라고요. 예약만 하면 언제든 사용할 수 있어서 금요일 회의는 지원센터에서 해요.

> ●**부산 서구건강가정다문화가족지원센터**는 2020년 부산 서구 구덕로 127 서국가족센터 6층에 개소했다. 기본사업은 공동육아 나눔터, 가족역량강화지원, 특수 목적 한국어교육, 결혼이민자 학력지원신장 등을 지원하고 있다.

활동을 하다 보면 회원 간에 공동체 운영방식이나 삶의 태도 등 생각이 달라서 부딪칠 수도 있을 듯 한데 어떻게 극복하고 있습니까?

사실 그 점이 공동체를 운영하면서 제일 힘든 부분이었어요. 학부모로서 활동할 때와 달리 공동체란 이름으로 활동을 해보니, 돈을 어떻게 써야 하고, 어떤 방향을 잡아서 나아가야 할지 만들어 가는 과정에서 회원들이 성향이 생각보다 다르다는 것을 알게되었어요.

당장 사업계획서를 쓸 때부터 그랬어요. 의견 취합을 하면서 "하고 싶은 사업이 있으면 얘기해 보라."고 하지만 한정된 예산으로 모든 사업을 할 순 없잖아요. 의견을 취합하는 과정에서 "나는 그게 별로야."라고 얘기할 수도 있고, 그러한 과정에서 저는 중립적 입장에서 의견들을 조율해야만 했죠.

공동체 운영 예산에 있어서도 약간의 오해가 발생하기도 해요. 회계 서류를 최종적으론 100% 오픈하지만, 중간 단계에서 회계 서류를 모두에게 보여주는 건 쉽지 않더라고요. 수시로 변경도 생기고, 아직 정리가 안 되어 있는 부분도 있고요. 예산의 쓰임에서도 그래요. A가 조금 더 가치가 있다고 판단해서 A에 더 많은 예산을 사용했으면 했는데, 생각이 다른 누군가는 B에 예산을 더 투입했으면 하는 생각을 가질 수 있잖아요. 이런 이견 조율을 하다 보면 아무래도 누군가의 의견이 덜 받아들여지거나 배제되는 경우가 발생하는데, 의견을 낸 당사자로선 대놓고 표시하지 않더라도 속상해할 수 있잖아요. 그런 것을 조율해 가는 과정을 통해서 많이 배워요. 대화를 진짜 많이 했죠. 일을 시작할 때 어떻게 하는 게 좋을지 서로 의견을 들어보고, 끝나고서도 어떤 문제점은 없었는지 논의했어요. 그렇지만 앞에선 괜찮다고 하지만 안 괜찮은 분들이 꼭 있어요. 노력을 해봤는데 저희 능력으로 한계가 있는 분들도 있었고요. 그렇게 해서 함께 못 하신 분들도 있어 아쉬움이 남아요.

서구 거점마을교육공동체로 선정되었습니다. 어려운 점은 없는지요?

서구가 올해부터 다행복교육지구로 선정되었어요. 그런데 서구에는 마을교육공동체가 2개뿐이에요. 부산기독교종합사회복지관 마을교육공동체모들배움터가 올해 시작했어요. 저희가 겨우 1년 선배라서 "올해는 저희가 하고 내년에는 모들배움터에서 하시면 될 것 같습니다."라고 말씀드리기는 했지만, 저희를 거점으로 하는 게 맞는지 고민이에요. 모들배움터는 사회복지관이어서 저희와 시작도 다르고 결도 많이 다른 듯해요. 복지관은 크든 작든 공적인 사업을 계속해온 전문가 단체잖아요. 마을교육공동체 이름으로는 아니지만, 그동안 해왔던 사업이 많이 있을 것이고요. 저희가 거점을 해보겠다고 했지만, 과연 역량이 될까 싶기도 하고, 계속 고민 중입니다.

교육행정에 바라는 것이 있다면?

마을교육공동체만의 공간이 있으면 좋겠어요. 공간 부분에 있어서 많이들 공감하실 텐데, 마을 아이들이나 어르신들이 편하게 들릴 수 있는 장소, 활동가들이 언제든 활동할 수 있는 공동체만의 공간이 없다는 게 늘 아쉬워요. 구청 한편이라도 마을교육공동체의 이름을 걸고 사용할 수 있는 공간이 있으면 참 좋을 텐데 말이죠. 저희가 앞장서야 하겠지만, 교육청에서 도와주시면 저희가 좀 더 문을 두드리기 수월하지 않을까 싶어요. 한 가지 더 보태자면 아직도 주위에 마을교육공동체나 ●다행복교육지구가 뭔지 모르는 분들이 너무 많아요. 흔히 "한 아이를 키우려면 온 마을이 필요하다."고 말하지만 학부모들은 "내가 아이를 키우는 데 마을에서 뭘 해준다는 거지?"하고 말하기도 해요. 누군가 마을교육공동체가 뭘 하는 곳인지 설명을 해달라고 하면 저 스스로도 한 마디로 축약해서 설명을 못 할 때가 있어요. 마을활동가들을 만나 봐도 마을교육공동체를 설명하는 데 한참 시간이 걸린다고 말들을 해요. 마을교육공동체가 좀 더 활성화가 되고 우리 주위로 자연스럽게 스며들게 하기 위해선 ㄱ더 많은 홍보가 필요한 것 같아요.

> 부산시교육청은 2018년부터 시작해 사하구, 영도구, 동구, 부산진구, 북구, 사상구, 금정구, 연제구, 해운대구 등 9개 지구에서 시행한 ●다행복교육지구를 2022년부터 서구와 동래구를 포함해 모두 11개 지구로 확대·운영하고 있다. 서구와 동래 다행복교육지구는 2022년 1월부터 2023년 12월까지 2년간 운영되며, 이후 종합평가 결과 등에 따라 2년간 연장 운영할 수 있다. 이들 지구는 교육청과 자치구가 함께 예산을 투입해 운영한다.
> 서구다행복교육지구는 청소년 도전 프로젝트, 학부모 참여 교육과정, 서구 아동청소년의회, 마을 멘토 직업체험교실 등 다양한 프로그램을 운영할 계획이다. 다행복교육지구는 부산시교육청과 자치구가 협약을 통해 마을교육공동체를 만들고, 학교와 지역사회가 함께 학생들의 교육력을 높이기 위해 각종 교육사업을 추진하는 지역을 말한다. 또, 다행복학교의 성과를 다른 학교로 확산할 뿐만 아니라 지역협력 교육인프라 구축, 지역특화 교육브랜드 창출 등 지역의 특성을 고려한 다양한 교육사업을 펼친다. 이들 통해 교육격차 해소와 교육 공공성 확대를 위한 마을교육생태계를 조성한다.

앞으로의 계획이 있다면?

마을교육공동체 사업은 부산시교육청에서 사업비를 지원하고 각 마을교육공동체가 알아서 운영하는 구조잖아요. 컨설팅도 해주지만, 지난해 처음 사업을 해보는 저희로선 회계정산 과정에서 어려움이 많았어요. 정산에 대한 자세한 설명이 없는 거예요. 물론 저희가 못 찾았을 수도 있겠지만요. 어쨌든 멘토도 없고, 맨땅에 헤딩을 계속해야 하는 상황이었어요. 행정 컨설팅이 필요하다고 말씀드렸더니 올해는 그것을 적용시켜주셨더라고요. 너무 감사했죠. 전문 컨설턴트가 컨설팅을 해주시니 이제 막 마을교육공동체를 시작하는 단체들에게 도움이 되겠다 싶어요. 작년에 고생을 많이 해서 올해는 지원사업에 참여를 안 하고 싶을 줄 알았는데 막상 해가 지나고 나니 더 하고 싶더라고요. 조금 더 전문성을 띠고 매년 한 발씩 앞으로 나아갈 수 있는 마을교육공동체가 되었으면 좋겠어요. 공공기관하고도 좋은 관계를 많이 만들어보자는 생각을 하면서 열심히 뛰어다니고 있습니다.

"문화예술 중심 아트커뮤니티센터라온. 모두가 즐길 수 있는 문화예술을 위해 만들어진 기업이다."
아트커뮤니티센터라온의 홈페이지(acc.co.kr 메인 화면을 장식하고 있는 수식어다. '어느 누구도 문화에 소외되지 않고 모두가 즐길 수 있는 문화예술을 위해 만들어진 기업'이라는 말이 이어진다. 말그대로 라온은 2011년 창립하여 10년 넘게 창의적인 문화예술 콘텐츠를 보급해오고 있다. 연제구 중앙대로 성공빌딩 3층에 위치한 아트커뮤니티센터라온에서 유현미 대표를 만났다. 라온은 민·관·학을 연계하여 다양하고 창의적인 문화 예술 콘텐츠를 개발하고, 이를 구체적인 사업으로 실현하기 위해 노력하고 있으며, 문화예술 전문 인력 양성 및 고용 창출을 도모하고 있다. 예술 향유 기회 제공을 통해 내재되어 있던 아이들의 꿈을 자극하고 진로 탐색의 기회를 제공하기 위해서도 노력하고 있다.

아트커뮤니티센터
라온

유현미 대표

연제구

아트커뮤니티센터라온을 소개해 주세요.

아트커뮤니티센터라온은 지역의 예술가들이 모여서 만든 단체예요. 예술가들이 지역에서 "뭔가 봉사할 수 있는 게 없을까?"하고 찾던 중에 알게 된 도시재생사업의 벽화 활동 등에 재능 기부를 하면서 시작했어요. 그리고 지역에 뿌리를 내리고 활동하고 있는 청년예술가들과 우리 아이들이 만날 수 있는 기회를 만들어주고 싶었어요. 아이들이 청년예술가들과 예술활동을 하면서 지역의 재미있는 요소들을 스스로 찾아내고 발전해 나갈 수 있으면 좋겠다고 생각했죠. 주민들 대상으로 여러 가지 교육 활동도 하고 소통하면서 '공동체가 필요하다'는 것을 깨달았어요. 처음에는 학부모, 지역 주민들의 공동체였어요. 퀼트도 만들고, 각자가 잘할 수 있는 재능을 함께 나누면서 친해졌죠. 시간이 지나면서 자연스레 아이들 이야기로 이어졌어요. "난 누구누구 엄마야", "우리 아이가 학교에서 이런 활동들을 했는데 이런 건 좀 문제가 있는 것 같아", "이건 선생님한테 건의해 볼까?"하는 식이었죠. 또 아이들이 방학 때 갈 데가 없으니 "같이 캠프를 갈까?"하면서 캠프도 기획했어요. 그러면서 자연스럽게 공동체가 만들어졌죠. 아트커뮤니티센터라온은 연제구에 거주하는 예술가들이 활동가의 주축을 이루지만, 가끔 이 일에 관심이 있는 대학생들이 찾아오기도 합니다. 지역에 있는 문화예술교육사 또는 청년예술가들이 교육 활동을 통해 경력을 쌓거나 재능을 기부하기 위해서죠. 지역에 있는 아이들에게 그분들을 만나게 해주는 게 필요하다고 생각했어요. 사실 다른 데 가서 배우려면 사교육비가 많이 들잖아요. 자연스럽게 예술가들과 지역 주민, 아이들을 만나면 의미 있겠다 싶어 사업을 시작했어요.

마을교육공동체와 일반 사설학원과 차이가 있다면, 어떤 점일까요?

마을교육공동체는 학원과 달리 비용이 발생하지 않는다는 점이죠. 아이들이 평소 흥미 있어 하는 것들을 찾아서 "선생님 저 이거 하고 싶어요!" 라고 이야기하면 프로그램을 운영할 수 있도록 연결을 해줍니다. 우리가 계획하는 것보다 학생이나 가족, 지역주민들이 먼저 "선생님 이거 하고 싶어요. 이것 좀 하게 해주세요!" 라고 하면 그걸 제공하려고 합니다. 자기주도적인 학습방법이죠.

많은 마을교육공동체가 학교와의 연계를 어려워합니다.
학교와 연계하기 위해 어떤 노력을 하고 있는지 궁금합니다.

아트커뮤니티센터라온에서 활동하는 학부모님들이 학교에 가서 공동체를 소개하면서 연계되기도 하고, 예술가들과 하고 있는 문화예술진로탐색 프로그램은 "학생들이 예술가들의 직업군을 알 수 있게 진로체험교육을 해 줬으면 좋겠다"고 학교에 요청하기도 해요. 라온이 만들어진 지 10년 정도 되었는데, 소문이 나서 그런지 우리가 연락을 하지 않아도 연제구 관내에 있는 초중고에서 먼저 연락을 주기도 해요.

마을교육공동체의 역량 강화는 어떻게 하고 있나요?

아트커뮤니티센터라온에는 활동가들이 19명 정도 됩니다. 예술
가도 있고, 지역 주민도 있어요. 공동체 안에서 늘 지킴이처럼 계
시면서 재능 기부를 하고, 교육 활동을 하고 있습니다. 경력 단절
어머님들은 마을교육공동체를 통해 새로운 것을 찾기도 해요. 연
차가 쌓인 분 중에는 학교로 다시 가시기도 하고요. 저희는 어떤
분야에 뛰어난 자질이나 능력을 갖춘 분들만 모시지는 않아요. "라
온은 늘 열려 있으니 언제든 오시라."고 얘기하죠. 라온에 오면 서로 배우고 재능을 나눠요. 그런 과
정이나 활동을 통해서 활동가 자질을 갖추고 역량을 키우게 되는 것 같아요.

> 라온을 찾거나 활동하는 구성원들은 연제구에 거주하는 이들이고, 연제구의 학생들과 학부모들이다. 멀리서 소
> 문 듣고 찾아오는 이들도 있다. 멀리서 왔는데 가라고 할 수는 없어서 다른 지역의 가족들과 함께 하기도한다. 매
> 주 화요일과 목요일은 학부모들이 와서 역량 강화의 시간이다. 전문 강의나 초청 특강을 듣는 건 아니지만 화요일
> 이나 목요일이면 '라온 가는 날', '라온 가서 누구 만나는 날'로 인지하거나 '라온 가서 언니한테 이런 것을 자문해
> 야겠다'며 열성적으로 참여하고 있다.

마을교육공동체를 운영하면서 보람 있었거나 기억이 남는 일이 있다면요?

라온에서 건축디자인 프로그램을 접하면서 건축가에 대한 꿈을 가졌던 아이가 있었어요. 대학에 가
고 건축가가 되어서 "여기서 봉사활동을 하고 싶다."고 찾아왔는데 정말 눈물 날 뻔했어요. "우리가
하는 일이 의미 있고 보람된 일이구나, 이런 사례가 좀 더 많았으면 좋겠다."는 생각을 했어요.

아트커뮤니티센터라온을 하게 된 계기가 궁금합니다.

제가 대학을 다닐 때 문현동 안동네, 동대신동 닥밭골 마을, 범천동 안창마을 등에서 벽화 재능기부
사업에 참여했었어요. 활동을 하면서 그 지역의 주민들을 만났는데 너무 좋은 거예요. 마을에서 공
동체적 삶을 유지하면서 아이들을 함께 키우고, 나눌 것은 나누고, 공유할 것은 공유하면서 재미있
게 살고 계셨어요. 바깥에서는 "저런 판자촌에서 공동체가 제대로 운영이 될까."하는 우려의 시선이
있더라고요. 제가 그 안으로 들어가서 1년 정도 함께 해보니 정말 재미있고 보람된 일들이 많이 일어
나고 있다는 걸 알았죠. 나도 거점을 갖게 되면 저렇게 "사람들과 함께하는 삶을 살아보고 싶고, 내가
가진 재능으로 사람들을 모아봐야지"하는 생각이 문화예술교육을 하게 된 계기가 되었어요. 부산문

화재단의 꿈다락 토요문화학교와 같은 여러 사업을 하면서 공동체 일을 시작하게 됐어요. 도시재생 지원과에서 진행했던 도시마을공동체 사업으로, 1년간 지역민과 함께하는 퀼트 작업이나 마을 공방 활동을 하면서 오시는 분들도 늘어났죠.

10년 넘게 아트커뮤니티센터라온을 운영해 왔습니다. 작은 공간이라도 시설을 갖추고 운영하려면 비용 부담을 클 듯합니다. 운영비는 어떻게 충당하나요?

제가 그림을 그릴 수 있는 작업실이 필요했는데 혼자 하기에는 부담스러워서 친구와 함께 작업실을 구했어요. 처음에는 공동작업실로 출발을 한 거죠. 제가 하는 벽화작업을 보고 아이들이 "선생님 저 도 한번 해보고 싶어요!" 하면 "그럼, 놀러 와!" 하면서 아이들이 오게 되었고, 작업 공간이 조금씩 알 려지기 시작했어요. 작업실에 유기견 한 마리가 있었는데 아이들이 강아지를 보러 오기도 했고요. 처 음에는 간판도 없었죠. 그리고 공간을 드나들던 마을 주민들이 먹을 것이나 커피, 휴지 같은 생필품 을 사 오고, 청소도 해 주셨어요. 지금까지 그렇게 유지해 오고 있고, 2013년부터 마을공동체 활동을 하는 주민들의 동아리 활동이 활성화되면서 회비를 조금씩 거둬 운영에 도움을 주시기도 해요.

마을공동체 와 함께 활동을 하다 보면 갈등이 생길 수 있습니다. 아트커뮤니티센터라온 만의 해결 방안이 있다면?

이 공간 안에는 대략 6개 정도의 마을공동체소모임이 활동하고 있어요. 각각의 모임 안에 회장님, 부 회장님, 총무님이 계셔서 중재적인 역할을 해 주시기 때문에 저희와 직접적으로 부딪치는 일은 없어 요. 갈등이 확대되기 전에 각 그룹에서 해결해 주시죠. 그리고 서로 마음을 알아주지 못해서 오해가 생기는 부분들은 같은 지역에 살고 있기 때문에 밥 한 끼 먹으면서, 술 한잔하면서 풀기도 하고요. 자 랑 같지만 대체로 큰 갈등 없이 편안하게 잘 운영해 오고 있어요.

저는 공동체가 유지되려면 늘 유연함이 필요하다는 생각이에요. 한때 '우리는 예술을 하는 단체'라는 고집이 있었어요. 그런데 지역민들과 만나 같이 고민하고, 해결하고, 같이 일하다 보니까 예술가 단 체라는 고정된 틀이 중요한 게 아니라는 생각이들더라구요. "우리도 이 지역 안에서 살아가는 지역 민이고, 이게 더 재미있지 않았나. 다양한 활동들이 좋아서 모였으니 재미있는 활동들을 이어가면서 우리의 정체성을 만들어갈 수 있지 않느냐."는 쪽으로 생각이 흘러갔어요. 그런 과정속에서 처음에 모였던 예술가들 중에 절반은 나갔죠. 그러면서 처음 계획했던 전문 예술 단체가 아니라 지역에 거점 을 두고 지역민과 함께 상생하는 예술 단체로 변모해 갔어요.

거점마을교육공동체로 선정되었습니다. 어떤 역할을 하시나요?

라온이 공간도 있고 해서 적합하다고 판단했는지 뽑아주셨네요. 거점마을교육공동체로서의 자질이나 봉사할 수 있는 게 많아야 할 텐데 잘 할 수 있을까 고민이에요. 마을 주민들과 함께 오래 활동하다 보니, 이 지역에 어떤 자원들이 있는지 조금은 알아요. 라온에서 수집해 놓은 자료들이 많이 있으니 그것들을 잘 연결해 줄 수 있는 역할을 하자, 공간이 필요한 마을교육공동체는 '●똑똑 플레이스' 공간이 있으니 그 공간이랑 연결을 해 드리자는 생각도 하고 있어요. 또 우리가 전국 단위 지역아동센터 지원사업을 하고 있어서 예술 강사들을 계속 배출하고 있어요. 인적자원이 있으니 지역 주민들이나 마을교육공동체에서 필요하다면 연결해 주는 매개자 역할도 할 수 있겠다 싶어요. 신규 마을교육공동체를 발굴하고 지속해서 활동할 수 있도록 도움을 주는 역할을 라온에서 했으면 하는 바람도 있어요.

> 행복학습공간 '●똑똑 PLACE'는 연제구에서 운영하며 지역주민의 참여와 지원으로부터 이루어지는 공간이다. 학습공간은 장소 제공자의 순수한 기부로 운영된다. 똑똑 플레이스에서는 연제구청에서 진행되는 똑똑 프로그램뿐만 아니라 연제구민의 학습 장소, 모임 활동 장소를 지원하고 있다. 연제구민이라면 누구나 신청할 수 있다.

함께하는 행정에 바라는 게 있다면?

행정가들이 원하는 마을교육공동체의 바람직한 방향성이 있겠지만, 저희도 기존에 해왔거나 가진 역량과 방향성, 비전이 있어요. 그런데 공모사업이란 게 "이러이러한 항목으로 예산의 몇 %를 써야 한다."라는 것처럼 정해진 틀에 맞춰 진행을 해야만 하잖아요. 그러다 보면 저희가 하려고 했던 취지나 목적과 다른 방향으로 사업이 흘러가기도 해요. 그게 꼭 나쁘다고 할 수는 없겠지만 그 틀에 맞추려다 보면 꼭 안 맞는 옷에 몸을 맞추는 것처럼 우리가 계획한 일들이 다른 방향으로 가버리기도 해서, 공모사업에 계속 참여하는 게 맞나 하는 생각이 들 때도 있어요. 컨설팅도 절실한 부분이에요. 공동체마다 갖고 있는 역량이나 결들이 다를 수밖에 없잖아요. 각 공동체에 대한 이해를 바탕에 깔고 방향성에 대한 심도 있는 컨설팅이 이뤄졌으면 좋겠어요. 지금껏 열심히 달려왔고 앞으로도 열심히 하겠지만, 잘 성장하고 바람직한 방향으로 가고 있는지, 그냥 열심히 하면 되는지 의문이 들기도 해요. 1년에 두 번 정도 컨설팅을 받고 있지만 현장에는 서류상에서 담지 못하는 이야기들이 너무 많아요. 그리고 다른 지역의 선진 사례들도 많이 소개해 주면 좋겠고, 직접 가 볼 수 있으면 더 좋겠어요.

영도 누리봄마을교육공동체 장수영 대표와 장은희 총괄부장을 윤슬이 반짝반짝 빛나는 영도 흰여울문화마을에서 만났다. 흰여울마을은 깎아지른 해안 절벽 길 위, 이국적인 풍경을 자랑하는 '부산의 산토리니'로 불리는 곳이다. 장수영 대표와 장은희 총괄부장은 흰여울마을에서 생업에 종사하고 있다. 영도 누리봄마을교육공동체는 2019년 '마을 사람들 모두가 교육을 통해 행복해지는 마을교육공동체를 만들자'는 목적으로 만들어졌다. 마을교육공동체를 통해 보물섬(영도 환경지키미, 제로웨이스트 체험, 마을골목탐방 등 마을의 생태 환경을 관련된 다양한 활동들과 영도알기 프로그램을 지속해 오고 있다. 가을에는 아름다운 흰여울 마을에서 '골목축제'를 개최할 예정이다.

누리봄
마을교육공동체

장수영 대표

장은희 총괄부장

누리봄마을교육공동체 이름은 어떻게 만들어졌는지요?

장수영 _ '세상을 누려라'라는 말이 있잖아요. 마을 사람들이 교육을 통해 행복을 누렸으면 하는 마음과 '봄처럼 희망찬 사람들의 모임'이라는 의미가 합쳐진 이름이에요.

마을교육공동체를 하게 된 계기가 궁금합니다.

장수영 _ 마을교육공동체를 시작하기 전부터 저희는 학교나 마을에서 하는 환경 관련 수업에 마을교육강사로 활동하고 있었어요. 이름을 내걸고 하는 단체는 아니었지만, 같이 활동하는 선생님이었죠. 영도구청에서 마을에 있는 작은 도서관 활성화를 위해 '마을학교'라는 이름을 붙인 프로그램을 진행했었는데, 그 프로그램에 참여했던 강사로 만났어요. 그런데 2019년도에 갑자기 '마을학교' 프로그램이 없어져 버렸어요. 도서관에 있는 마을학교에서 다양한 체험도 하고, 요리도 했는데 프로그램이 없어지니까 참여했던 아이들이 너무 아쉬워했어요. 그래서 '우리끼리라도 모여서 아이들에게 다양한 경험과 체험의 기회를 제공하자'는 마음으로 누리봄마을교육공동체를 만들었어요.

장은희 _ 당시 의욕만 넘쳤지 공동체를 꾸려나갈 비용이 없었어요. 회비를 거뒀지만 차 마시고 이야기하면서 쓸 정도의 금액이었죠. 그때 부산시교육청에 마을교육공동체 지원사업이 있다는 걸 알았어요. 한번 해보자며 고유번호증도 만들고 준비했지만 떨어졌죠. 당시에 영도구에 마을교육공동체를 지원할 수 있는 단체가 한 곳뿐이었다고 했어요. 우리도 2021년도 마을교육공동체 지원을 받으려면 2020년도 지원 사업을 받지 못하더라도 무조건 신청서를 넣어야 한다고해서 떨어질 줄 알면서 신청서를 넣었어요. 2021년도에는 동산마을교육공동체와 저희가 선정되었지만, 또 새로운 두 단체가 마을교육공동체사업에 지원을 했었어요. 그래서 "내년에는 영도에서 4개 단체가 나오겠네."하고 생각했는데 아니나 다를까 2022년에 '영도에서 4개 단체를 선정한다'고 했어요. 하지만 동산마을교육공동체가 빠지면서 영도구는 3개 단체가 마을교육공동체로 선정되었어요.

2021년 마을교육공동체로 선정되었지만, 그 당시는 코로나19가 정점이었던 해였습니다. 어려움이 많으셨을 것 같습니다.

장은희 _ 우리가 2021년도에 사업을 시작할 때, 대표님하고 가까이에 있는 신선 중학교를 찾아갔어요. 그전 연도에 "이러 이러한 사업을 우리가 할 건데 만약 내년에 마을교육공동체 지원사업에 선정이 되면 같이 합시다!"라고 교장선생님, 교감선생님, 다행복교육지구 선생님과 얘기가 다 되어 있었기든요. 코로나가 터지고 3월에 가니까 그사이 교장선생님과 교감 선생님이 발령이 나서 다른 학교로 가셨어요. 새로 오신 선생님은 코로나 때문에 반대하셨어요. 그때는 분위기가 그랬죠. 특히 외부 수업은 전혀 받지 않는 상황이었어요. 교육청의 도움을 받아 어렵게 수업을 했어요. 학교에서 원하는 시간대에 동시에 진행해야 하니까 많은 선생님들이 수업에 참여를 했었어요.

수업을 할 수 있는 활동가는 몇 분이신가요?

장수영 _ 학교에서 한 번에 한 개 반이나 한 학년 대상으로 수업할 때도 있지만 전교생을 대상으로 수업을 해야 때가 있어요. 신선중학교는 한 학년에 세 개 반씩, 1학년에서 3학년까지 총 아홉 반이 있는데, 한 반에 진행 선생님과 보조 선생님이 2인 1조로 들어갔으니 총 열 여덟 명의 선생님이 동시에 수업을 했어요.

어떤 수업이었나요?

장수영 _ 영도를 '보물섬 영도'이라고 해요. '보물섬을, 보물섬의 환경을 지켜보자'는 취지의 수업이었어요. 우리 엄마들이 대부분 아이들 교육 때문에 영도 밖으로 나가려고만 하니까 영도가 얼마나 좋은 곳인지 알리고 싶어 영도와 흰여울 마을에 대한 유래를 이야기했고, '환경 지킴이' 프로그램으로 체험 활동도 했어요.

장은희 _ '영도의 환경을 지키자'가 누리봄마을교육공동체의 슬로건이라 할 수 있고 '보물섬(영도 환경 지킴이'가 주 사업에요. 사람들이 점점 빠져나가고 있다고 해서 영도를 부산의 대표적인 '인구 소멸 위기 지역'이라고 말하잖아요. 자연과 역사 등 영도가 이렇게 좋은 환경을 가지고 있다는 것을 알리고, 영도를 잘 가꾸자는 내용의 수업이었어요. 아이들과 반려 식물을 만들어 지역의 독거노인께 전달하는 프로그램도 했어요.

독거노인께 반려 식물을 전달하는 프로그램을 설명해주세요.

장수영 _ 반려 식물 화분을 50개 정도 만들어서 영도에서 혼자 사시는 분들 50가구를 찾아가 화분을 전달했어요. "건강하세요. 할머니 얼굴은 모르지만…."같은 메시지를 적은 팻말까지 만들어 일일이 화분에 꽂았죠. 어떤 할머니는 화분을 받고 울기도 하셨어요. 그냥 만들기로 끝나는 게 아니라 어떤 메시지를 전달할 수 있었다는 점이 아이들한테 정서적으로 참 좋았던 경험이 아니었나 싶어요.

장은희 _ 원래는 신선 중학교 아이들이 직접 반려 식물을 전달할 계획이었지만 코로나 시기이기도 해서 동네 새마을 부녀회 회원들께서 대신 전달해 주셨어요. 의도는 아니었지만, 이 사업이 청소년, 장년, 노년이 연결되는 프로그램이 되었죠. 누가 좋게 봤는지 신문에도 났고요.

코로나 시기임에도 불구하고 학교와의 연계가 잘 이루어 지고 있는데요.
올해도 신선중학교와 함께하는 프로그램이 있나요?

장은희 _ 없습니다. 이유가 있어요. 이번에 새로 들어온 마을교육공동체 중에서 신선중학교 학부모님들이 만든 e송도마을교육공동체가 있었어요. 사실 그동안 우리가 신선중학교에 공들여서 인지도를 쌓아 놨고, 남항초등학교도 수업을 들어갔는데 두 학교 다 e송도마을교육공동체 회원과 연관이 되어 있었어요. 아쉬움이 있지만 우리만 잘 되는 게 중요한 게 아니라 영도의 마을교육공동체가 함께 성장해야 하잖아요. 우리는 영도 초등학교와 남도여중과 함께 프로그램을 준비하고 있습니다.

마을교육공동체 거점 공간은 어디에 있습니까?

장은희 _ 단독으로 사용하는 거점공간은 없지만, 운 좋게도 영도 봉산마을 도심재생지역에 5년간 무상으로 사용할 수 있는 공유공간을 얻었어요. 뮤지컬팀들이 입주하고 있는데, 드문드문 사용하고 있어서 저희가 들어가게 되었어요. 방이 두 개인데 하나는 마을 사람들이 사용하고, 하나를 공유하는 공간으로 사용을 해요. 10명 정도 회의를 할 수 있는 크기입니다. 공간을 사용할 때마다 공유 스케줄표를 작성하고 사용합니다. 비용은 전기세 같은 것 외엔 거의 없어서 좋아요.

마을 사람들과 같이 공간을 사용하는데, 마을 사람들은 공동체를 어떻게 바라보고 있습니까?

장수영 _ 마을에 계신 분들에게 어떻게 다가갈까 고민을 했었어요. 어르신들과 잘 지낼 수 있는 프로그램의 일환으로 반려 식물이나 비누 등을 만드는 활동도 같이하고, 블루베리 파이도 같이 만들었어요. 잘 지내기 위한 일종의 '뇌물'이었어요.

누리봄은 처음부터 자신의 분야에서 활동하고 있는 강사들로 구성되어 있어서
역량 강화가 수월할 수 있었겠네요.

장은희 _ 개개인의 능력은 뛰어난데, 화합하거나 마을교육공동체에 대한 이해가 부족한 부분들이 있었죠. 지난해는 각자 잘하는 것들을 어떻게 마을교육공동체에 잘 녹여서 역할을 할 것인가 하는 부분에 대한 역량 강화 수업을 받았어요. 올해도 역량 강화에 힘을 쏟으려고 해요. 아쉬운 점은 회원들이 다 전문 강사들인데, 마을교육공동체 사업에서는 회원들에게는 강사료를 지출할 수 없다는 점이죠. 내부에 전문 강사를 두고 굳이 회원이 아닌 외부 강사를 초빙해서 비용을 지출해야 한다는 거죠. 처음에는 그런 점 때문에 살능이 쫌 있었어요.

마을교육공동체를 하면서 기억에 남는 일이 있다면?

장수영 _ 반려 식물을 만들어 동네 독거어르신들께 나눠드릴 때 일이었어요. 아이들 모두가 못 가고 대표로 그 동네 사는 한 아이가 새마을 부녀회 회원들과 같이 전달했는데, 어느 어르신이 화분을 받고 우시는 거예요. 혼자 사시니까 외로워서 그러시나 싶어 가슴 짠했어요. 환경 활동을 하면서 조금씩 달라지는 아이들의 모습도 그렇고, 일일이 열거하기 어렵지만 활동할 때마다 느꼈던 짠한 감정들이 많아요.

거점마을교육공동체로서 어떤 역할을 준비하셨나요?

장은희 _ 올해 마을교육공동체 지원사업에서 동산마을교육공동체가 빠지는 바람에 얼떨결에 저희가 거점이 되었어요. 영도는 마을교육공동체가 세 곳이 선정되었는데, 우리만 2년 차고 나머진 처음 시작하는 곳이에요. 새로 시작하는 마을교육공동체에서 우리한테 뭔가를 물어오면 약간 반장이 된 것 같은, 전화 오면 어떻게든 답을 줘야만 할 것 같은 느낌이 들어요. 잘 모를 땐 담당 주무관에게 물어봐서라도 대답을 해주는데, 우리가 조금 더 책임감 있게 일해야 되겠다는 생각을 하게 되요. 거점이 되면서 좋은 점은, 지난해에는 일단 일을 진행하고 문제가 있으면 나중에 물어보는 식이었다면, 지금은 한 번이라도 더 확인하고 일을 진행하고 있어요. 훨씬 조심스러워졌다고 할까요.

지난해 하셨던 '골목 축제'는 어땠습니까?

장은희 _ 여기 흰여울마을에서 '골목축제'를 했어요. 관광객을 대상으로 '씨글라스 목걸이 만들기' 같은 체험과 흰여울 마을을 소개하는 프로그램을 운영했는데 참가자들이 엄청 좋아했어요. 오는 10월 8일에는 세 개의 마을교육공동체가 함께 참여 합니다. 올해 새로 시작한 마을교육공동체 두 곳에서 '아나바다 마켓'을 열고, 우리는 체험 부스를 만들어 운영할 계획이에요.

공동체를 하면서 어려운 점이 있다면요?

장수영 _ 소소하게 많지만 장소 부분이 특히 그래요. 학교나 지자체의 공공 기관에 회의를 하거나 아이들과 활동을 하기 위해 빌려 쓸 수 있는 공간이 많으면 좋겠어요. 폐교 같은 곳에 마을교육공동체가 공동으로 사용할 수 있는 방을 만들어서 프로그램을 진행하고, 공유 공간처럼 사용할 수 있으면 더없이 좋겠죠. 지금 코로나에서 점점 벗어나고 있는 분위기임에도 여전히 거대한 방패처럼 코로나를 내세우는 곳이 많아요. 아니면 "누구한테 물어봐야 한다.", "어디서 허락을 받아야 한다." 는 이유로

차일피일 답변을 늦추는 경우도 많고요. 영도의 마을교육공동체가 자주 모여 회의를 하는데, 모이는 이유 중 하나가 영도마을교육공동체 네트워크를 만들기 위해서예요. 뭉쳐야 좀 더 목소리를 낼 수 있지 않을까 싶어서요. 아미르 공원같은 곳을 오픈해서 환경 캠페인이나 아나바다 마켓 같은 것도 하면 좋겠는데, 여전히 모여서 뭘 한다고 하면 꺼리는 분위기가 있어요.

왜 마을교육공동체를 하고 있습니까?

장은희 _ 마을에 살면서 마을을 변화시킬 수 있는 것들을 공론화할 수 있는 곳이 마을교육공동체라고 생각해요. 불편한 게 있어도 혼자선 어떻게 할 수 없다 보니 무관심하게 넘어가는 경우가 많잖아요. 마을교육공동체가 있으면 좋은 점을 활성화할 수도 있고, 문제점은 해결 방법이 무엇인지 찾아볼 수 있죠. 그리고 아이들을 키우다 보면 어려운 부분이 많잖아요. 키워본 사람으로서의 이야기, 언니 동생같이 터놓고 이야기해 줄 수 있는 곳이 마을교육공동체라고 생각해요. 올해 계획 중에 학교에 들어가는 수업도 있지만, 지역아동센터 수업이 있어요. 지역아동센터의 좋은 점은 다양한 연령대의 아이들이 있는데, 고학년 아이가 저학년 아이를 챙겨요. 그러면서 가족 같은 분위기가 만들어져요. 대안 가족이란 말이 어떨까 싶은데, 활동을 통해서 만난 아이들끼리 형 혹은 언니, 오빠라고 부르며 서로 가깝게 지내요. 우리가 지역아동센터와 같이 골목축제를 하거나 한 달에 한 번씩 마을 청소를 하면서도 고학년과 저학년 아이들을 서로 연결해 줘요. 영도를 봉래동, 영선동으로 나눌 수 있겠지만, 크게 보면 '영도마을'이라고 할 수 있잖아요. 영도마을의 아이들이 영도의 아름다운 자연환경 속에서 건강하고 행복하게 잘 자랐으면 하는 게 저희들의 바람이에요.

장산마루 작은도서관에서 재반마을교육공동체 장원자 대표와 만났다. 이야기 내내 자신감 넘치는 표정과 말투에서 활동가의 관록이 느껴졌다. 재반마을교육공동체 는 장산마루 작은도서관을 거점으로 삼아, 마을의 학부모들이 자발적으로 만든 모임에서 시작되었다. 재송 1·2동, 반여 2·3동을 중심으로 재반마을의 교육 발전을 위해 활동하고 있다. "아이들이 마을을 중심으로 활동하면 어른이 되어서도 마을의 주인으로 행복하게 살아갈 수 있다."고 믿고, '꿈 봉사단'을 만들어 아이들이 주체적으로 마을 활동을 할 수 있는 길을 열어가고 있다. 마을과 학교, 어른과 아이 등 온 마을이 자발적으로 활동하고 소통하는 마을교육공동체를 만들어가는 것이 재반마을교육공동체의 큰 꿈이다.

재반
마을교육
공동체

해운대구

장원자 대표

재반마을교육공동체와 장산마루 작은 도서관은 어떤 관계인가요?

2017년 초, 재송 반여 지역의 학부모들이 자주 이용하던 카페 '장산마을 협동조합'에서 모임을 가졌어요. 그곳에 모인 학부모들을 중심으로 "우리 마을에서도 뭔가를 좀 해보자!"는 분위기 속에서 공동체를 만들게 되었어요. 그러면서 2017년 중순쯤 장산마루 작은도서관을 만들게 되었어요. 카페 장산마을 협동조합 안에 작은도서관을 만들어서 그곳을 거점으로 삼아 활동하기 시작했죠. 반송에는 공동체들이 있지만 재송, 반여 쪽의 공동체가 없었어요. "우리가 한번 해보자!"고 해서 2017년 말 재송초등학교에서 원탁 토론회가 열렸어요. 학부모들과 아이들, 학교 선생님 등 180여 명이 참여를 했는데 "뭘 하면 우리 마을의 교육 환경이 나아질까?"에 관해 이야기를 나눴어요. 원탁 테이블 10개를 놓고 처음으로 우리 마을에서 교육과 관련한 주제로 펼쳐진 공식적인 토론이었죠. 아이들이 마을에서 문화생활을 할 수 있으면 좋겠고, 어른들이 길거리에서 담배를 안 피웠으면 좋겠고, 청소년들이 모일 수 있는 공간이 있으면 좋겠다는 등 일곱 가지 의제가 나왔어요. 아이들이 원하는 것도 있고, 학부모들이 원하는 것도 있었죠. "통과된 일곱 가지 의제를 가지고 실천을 하자. 실천하기 위해서 교육공동체를 만들자!"고 해서 공동체가 만들어졌어요. 2018년부터 재반마을교육공동체의 이름으로 활동하기 시작했어요.

학교 선생님들도 참석한 토론이었으니, 사업 진행에 있어서 학교의 도움을 받았나요?

학부모들이 "우리가 마을에서 이런 활동을 할 예정인데 힘을 모아주세요!"하고 학교와 마을 주민자치센터의 문을 두드렸어요. 활동을 하면서 '제일 벽이 높은 곳이 학교'라는 걸 새삼 느꼈죠. 우리 아이들이 학교를 다니고 있는데도 학교는 학교 안의 교육이 중심인 거예요. 이러이러한 행사를 하고 싶다고, 여러 학교의 문을 두드렸지만, 우리가 원하는 행사를 하게끔 자리를 내어주는 곳이 드물었어요. 그래도 다행복학교였던 재송여중하고는 소통이 잘 되었어요. 위봉초등학교(현 반여초등학교 교장 선생님도 열려있는 분이었고요. 아이들한테 외발자전거도 가르쳐주시고, 마을과 함께하는 아이들의 활동을 전폭적으로 지지해 줬어요. 그 외 학교는 찾아가서 공문을 전달하면서 얘기도 했고, 학교 앞에 플래카드도 걸어봤지만 잘 안됐어요. 웹 포스터를 출력해서 붙여도 보고, 포스터 만들어서 선생님들한테 홍보해 달라고 부탁도 해봤고, 앱으로도 해 봤는데 다른 학교와는 인연이 없었어요.

연계된 학교와는 어떤 활동을 했습니까?

부산지방법원 동부지원 담벼락에 그려진 벽화가 재송여중 아이들과 함께 그린 거예요. 1학년부터 3학년까지 한 반에 담벼락 한 면씩을 맡아 그렸는데, 1학년 1반부터 3학년 끝 반까지 거의 다 참여를 했어요. 한 반에 적어도 두 명 이상 참여를 했죠. 벽이 칸칸이 구분되어 있어서 한 면에 한 반씩 맡기 딱 좋았어요. 우리가 바탕을 칠하면 아이들이 벽화를 그렸어요. 어떤 그림을 그릴지 아이들끼리 의논해서 그리면, 우리는 아주 조금만 손을 보거나 그 위에 변색이 안 되도록 보존재를 칠해 주는 정도 였죠. 교장선생님 주도하에 쉬는 날 아이들이 와서 도로 양쪽으로 차를 못 다니게 막고 벽화를 그렸는데, 한 번에 다 못그려서 2주에 걸쳐서 그렸어요.

아이들이 자발적으로 참여해서인지 학교를 졸업한 후에도 아이들이 담벼락을 지나갈 때면 "저거 내가 그린 거예요."하고 말을 해요. 등산객들이 지나가면서 "학생들이 그리니까 좋네!"라고 말씀해주기도 하세요. 이후 동부지청 앞 담벼락도 어린이 청소년 발표회 '별따꿈따'를 진행하면서 아이들과 학부모들이 함께 벽화를 그렸어요. 동부지청에 간다고 하면 "별을 단다."는 얘기를 흔히 하잖아요. 별따꿈따 행사로 벽화를 그리면서 '별을 따는 벽화'라고 오해 아닌 오해를 받기도 했어요.

벽화 작업을 한 활동가 중에 미술 전공자가 있었나요?

'캘리다방'이라고, 학부모 중에서 캘리그래피를 하시는 분들이 있어요. 하지만 낮에 모여 그림을 그리고 글을 쓰는 게 중요한 게 아니라 모여서 수다를 떠는 게 더 중요했어요. 그래서 제목을 '캘리다방'이라고 했어요. 한 번은 인문학 도서관에서 벽화 그리기 공모 사업이 뜬 것을 보고 "재송여중하고 한번 해볼까?" 했던 말이 씨가 되어서, 부산지방법원 동부지원 담벼락에 재송여중 아이들과 함께 벽화를 그리게 된 거예요. '캘리다방'을 주도하는 분이 미술을 전공했고, 한때 동화 작가이기도 했었어요.

높은 학교벽을 넘기 위한 돌파구를 찾았습니까?

2018년과 2019년에 다행복학교였던 위봉초등학교 아이들과 마을의 재능있는 아이들이 모여 '별을 따자 꿈을 따자'라는 이름으로 어린이 청소년 발표회를 열었어요. 우리 마을에는 문화 예술공간이 없어요. 그래서 기타나 우쿨렐레, 플루트, 피아노, 무용 등 학교에서 배웠든, 학원이나 지역아동센터에서 배웠든, 아이들의 재능을 뽐낼 수 있는 자리를 마을에서 처음으로 마련한 거죠. 주변의 학교 아이들과 지역아동센터, 학부모, 마을 주민들이 모여서 "우리 마을에 이런 재능 있는 아이들이 있구나!" 하고 느끼는 자리였죠. 2년 동안 진행했었어요. 아이들이 공부가 아니라도 자신이 잘 할 수 있는 것을 찾을 수 있고,, 또 인정받을 수 있다는 것을 알리고 싶었어요. 계속하려고 했는데 코로나가 닥치면서 중단되었어요.

코로나가 유행하던 시기에는 어떤 활동들을 했었나요?

코로나가 유행하던 2년 동안 여러모로 위축도 되었지만, 학부모들은 오히려 더 단결이 된 것 같아요. 아이들이 외부 활동을 못 하고, 학교도 문을 닫고, 모든 공간이 폐쇄되었지만 장산마루 작은도서관은 안전 수칙을 지키면서 운영할 수 있는 공간이었어요. 도서관을 중심으로 학부모들이 똘똘 뭉치게 됐고, 아이들도 학교 외에 이곳을 안전한 공간으로 생각하면서, 코로나가 유행하기 이전만큼 활동을 할 수 있었어요. 그러면서 아이들이 환경을 보호하기 위해 우리 마을에서 할 수 있는 게 뭔지 고민을 하기 시작했어요. 봉사 활동으로 길거리의 쓰레기를 줍는 줍깅을 하면서 쓰레기 분석도 했죠. "공원인데 왜 생활 쓰레기가 나오지" "담배꽁초 같은 것을 버릴 수 있도록 자그마한 쓰레기통이라도 비치하면 될 텐데 왜 안 하는 거지." 이런 고민들을 하면서 주민자치센터에 건의도 했죠. 마을 환경과 관련된 부분들을 좀 지속적으로 해나가자고 해서 작년과 올해는 환경과 관련한 활동들을 주제로 진행하고 있어요. 그 중심에 아이들이 주체적으로 마을 활동을 하는 '꿈 봉사단'이 있고요.

장산마루 작은도서관이 꽤 근사해 보입니다만 수익을 창출하는 공간이 아닙니다.
운영에 어려움은 없습니까?

장산마루 작은도서관은 후원회원이 있어서 넉넉하진 않지만, 기본적인 운영에는 문제가 없습니다.

장산마루 작은도서관은 도서관 외에 어떤 용도로 사용합니까?

도서관 외에 모임 공간으로 빌려주기도 합니다. 우리 회원 중에 어떤 모임이 있다고 하면, 사용 여부를 단톡방에 올려서 각자 필요할 때 사용하고 있어요. 아이들 프로그램은 매주 화요일 오후 4시, 5시에 운영하고 있어요. 수요일은 회의 장소로, 금요일은 독서 모임과 동아리 모임, 주말에는 행사할 때 준비 장소로 활용하죠.

**요즘은 구마다 도서관이 있고 행정복지센터에도 작은도서관 있는 경우가 많은데,
장산마루 작은 도서관은 어떤 차이가 있을까요?**

행정복지센터에 있는 도서관은 책만 빌려주고 받는 도서관이죠. 오픈 시간도 오후 3시부터 5시까지 딱 정해져 있는 경우가 대부분이에요. 그나마도 코로나 기간에는 문을 닫았죠. 우리는 회원들이 자발적이고 자율적으로 운영을 해요. 도서관의 비밀번호도 공유하고요. 시간만 맞으면 언제든지 모임이나 공동체 활동 공간으로도 사용할 수 있고요. 무엇보다 중요한 건 저녁에 문을 열어 놓을 때가 많아요. 맞벌이하는 분들은 낮 시간에 이용할 수 없잖아요. 이 도서관은 저녁에도 열리고, 비밀번호도 공유하고, 보고 싶은 책이 있을 때 적어 놓으면 일괄 구매를 해서 구비도 해놓기 때문에 작지만 엄청 유연한 공간이에요.

재반마을에는 이런 공간이 여럿 있습니까?

두 군데가 있어요. 바로 옆 동네 반송은 느티나무도서관을 중심으로 '희망세상'과 같은 공동체가 제법 많아요. 거기에다 도시재생뉴딜사업을 하고 있어서 인구 대비 상당히 구색이 잘 갖춰져 있다고 볼 수 있어요. 반여동도 작년부터 도시재생뉴딜사업이 본격화되면서 아이들을 위한 실내 놀이터와 도서관이 만들어졌지만, 아쉽게도 이용할 학생들이 많이 없어요. 반여동에는 학교가 반여중학교밖에 없거든요. 학급수도 적고요. 재송동은 보이는 것처럼 지리적으로 오르막이라 그런지 공간이 없어요. 청소년수련센터 수련관이 있지만 주민들과 같이 이용하는 곳이어서 아이들을 위한 공간이라고 보긴 어려워요. 재송동에는 아이들 돌봄과 방과후 교실 하나가 운영되고 있을 뿐 아이들이 마을에서 맘껏 놀 곳이 없어요.

재반마을교육공동체의 '환경문화제'에 대해 들려주세요?

작년에는 환경 문화제에서 반려 식물 나누기와 화학소재를 사용하지 않은 친환경 제품을 만들어 봤어요. 비누도 만들고, 아로마 오일, 플라스틱 제품을 대체할 라탄 바구니같이 실생활에서 실천할 수 있는 것을 주로 만들었죠. 동부지청 주변이나 한빛공원을 중심으로 아이들이 몸 벽보를 착용하고 줍깅도 했어요. 비대면 '아나바다'를 한 달 동안 진행하기도 했고요. 멀쩡하지만 사용하지 않는 물건을 찍어서 도서관 단톡방에 올리면, 필요한 사람이 찜 하면 서로 논의해서 가져가는 방식이었어요. 릴레

이식으로 진행했는데, 올해는 어린이와 청소년들이 주도적으로 진행할 거예요. 그리고 반려 식물을 만들어서 경로당이나 지역아동센터에 전달도 하고 주민들한테 나눠드리기도 했어요. 화분은 플라스틱병을 재활용해서 만들었죠.

플라스틱 병으로 어떻게 화분을 만들었나요?
유튜브를 보면 다 나와요. 일회용 플라스틱 컵을 활용해서 만들었죠. 화분을 전달하면서 "10월에 장산마을 작은도서관으로 화분을 들고 오면 분갈이를 해드리겠다"고도 말씀드렸어요.

'꿈 봉사단'은 어떤 단체이고 어떤 활동을 하나요?
장산마루 작은도서관 가까이 재송중학교와 재송여중이 있어요. 학생들이 우리 도서관에 모여서 책도 읽고 동아리 활동을 하면서 "마을에서 한 수 있는 게 뭘까" 고민하다가 마든 봉사단이에요. 이 친구들이 스스로 환경문화제도 기획하고, 줍깅도 정기적으로 할 수 있는 자생력을 키울 수 있도록 도와주고 있어요. 작년에는 어른들하고 같이 했다면, 올해는 아이들이 중심이되어 할 거예요.

공동체 이름인 재반마을의 범위는 어떻게 되나요?

재반은 재송동과 반여동을 합친 말인데, 반여동은 저 위쪽이고 재송동은 여기 오르막길이 중심이에요. 여기 길 이름도 재반로예요.

2018년에 마을교육공동체를 만들어서 그 해 마을교육공동체 지원사업에 선정되었습니다. 첫해부터 선정된 이유가 있을까요?

2017년 연말 재송초등학교에서 했던 원탁 토론회에 대한 참여했던 마을주민들의 호응이 너무 좋았어요. 그 덕택에 재반마을교육공동체가 만들어졌죠. 원탁 토론회를 준비할 때 부산시교육청에서 지원을 해주셨는데 도움이 많이 되었어요. 주민들과 학교, 주민자치센터에 원탁 토론회를 홍보하면서 사람을 모으는 과정이, 어떻게 보면 공동체를 준비하는 과정이었어요. 토론회를 진행하면서 "우리가 뭘 해야 될까?", "주민들이 원하는 건 뭘까?" 그리고 "아이들이 원하는 건 뭘까?" 고민하다 보니 마을교육공동체가 답이라는 결론을 얻었죠. 그 과정이 마을교육공동체 지원사업을 준비하는 바탕이 되었던 것 같아요.

마을교육공동체 활동을 2년간 하고, 코로나로 3년을 쉬었습니다. 어려운 점이 있다면?

쉬어도 쉬는 게 아니었습니다. 코로나를 극복하기 위해서 '슬기로운 코로나 생활'을 했는데, 올해는 코로나가 끝났다고 생각하고 '슬기로운 마을 생활'을 하려고 해요. 누구나 마찬가지겠지만 이제 갓 학교생활을 시작한 초등학생의 경우 코로나로 인해 학교 가는 횟수가 줄었고, 친구와 만날 때도 마스크 써야 했으니까 그런 데서 오는 관계의 단절감이 더 컸을 것이리라 생각해요. 그래서 올해는 한 달에 한 번씩 마을 놀이터 탐방대를 운영하려고 합니다. 예전처럼 안전하게 친구들과 마을에서 놀이도 하고 뛰어다닐 수 있는 그런 분위기를 만들어보자는 취지입니다. 6월에는 놀이터 탐방대가 물총 놀이를 할 예정입니다. 신재초등학교에서 선뜻 운동장을 빌려주셨어요. 해운대다행복교육지원센터에서 연결해 주셨죠. 신재초 아이들은 신이 났어요. 다른 학교 아이들도 함께 물총놀이를 하려고 합니다. 물총 싸움을 학교별로 나눠서 할지, 부모와 아이들을 나눠서 할지 생각 중입니다.

지난해 동네 한빛공원에서 달고나, 딱지, 제기차기, 무궁화꽃이 피었습니다, 몸 벽보 그리기 등 여러 게임을 진행했었어요. 날씨도 더웠고 일요일 오후라서 많이 안 올 줄 알았는데, 준비해 간 도장 노트 50개가 금방 동이 났어요. 프로그램에 참여하면 도장을 찍어주는 데 도장 횟수에 따라 상을 주려고 만든 노트였어요. 어른들까지 포함하면 거의 80명이 참가했고, 왔다 간 사람들까지 치면 100명이 넘을 거예요. 아마 이번에도 꽤 많은 아이들과 부모들이 참여할 것같아요.

활동가는 몇 명 정도 입니까?

13명. 변하지 않는 멤버에요. 처음부터 시작한 멤버는 아니었고, 2018년과 2019년 2년간 활동하면서 회원들이 늘었어요. 20여 명까지 늘어났지만 코로나를 겪으면서 빠졌어요. 그렇지만 그 와중에도 "모이세요!"하면 다른 일 제쳐놓고 오시는 분이 13명이었고, 그 멤버로 고정되었어요. 이분들은 "아이들이 다 커서도 교육공동체 이름으로 마을에서 할 수 있는 건 같이 한다."는 마음을 가진 분들이에요. 코로나로 다져진 관계라고 할까요.

활동가들의 역량 강화는 어떻게 하고 있습니까?

원래 역량 강화가 잘 돼야 하는데. 처음에 홍보가 너무 어려워 앱이나 파워포인트를 배워보자고 해서 네 번 정도 수업을 받았는데, 깨달았죠. "이건 우리 능력으로 할 수 있는 분야가 아니다."라고요. 올해는 활동들을 기록하지 않으니 우리가 예전에 뭐 했는지 찾아보기 어렵다는 이야기가 있어서 마을 기록을 남겨보자는 목적으로 한 달에 한 번씩 글쓰기 수업을 하고 있어요. 다음 주 화요일이면 세 번째 모임인데, 생활 글도 쓰고, 우리가 활동했던 것도 기록에 남기고 있습니다. 그리고 '변하지 않는 13명'이라고 표현했지만 그분들도 고민이 많을 거예요. 각자의 꿈을 응원해 주는, 내 꿈을 내가 응원할 수도 있고 옆에 있는 사람의 꿈을 응원하는 글도 쓰려고 해요. 아이들과 소통을 위한 프로그램이나 힐링 프로그램도 생각하고 있어요. 가장 큰 화두는 마을교육공동체를 이대로 계속 가져갈 건가 아니면 좀 더 진화한 모습으로 나갈 건가 하는 거예요. 작년부터 고민하고 있습니다.

공동체를 하면서 기억에 남는 일이 있다면요?

우리가 마을에서 마을 놀이터 탐방대와 같은 행사를 열면 떡이나 간식을 준비해서 아이들에게 나눠줘요. 그럴 때 동생 손을 꼭 잡고 오는 친구가 있어요. 그게 한 끼 식사인 거죠. 깜짝 놀랐어요. 행사를 할 때 그런 친구들이 오면 "할머니도 챙겨드리고, 엄마 아빠도 챙겨드려라."고 일부러 더 많이 챙겨주죠. 그리고 행사를 하다 보면 체험비를 받을 때가 있어요. 그러면 그 아이들이 쭈뼛쭈뼛하는 게 보여요. 그때 다짐했죠. "아이들한테 체험비를 받으면 안 되겠다. 누구는 받고 누구는 안 받고 가 아니라 어른들만 받자."고요. 체험비를 낸다고 하면 어른들은 하거나 하지 않거나 선택할 수가 있잖아요. 우리 마을에는 아직도 그런 아이들이 있어요. 그래서 '아이들의 돌봄이 어디까지인가'에 대해서 생각을 많이 해요. 당장 먹는 것부터 해결이 안 되는 아이들을 어떻게 해야 되는지. 한때는 컵라면을 기부 받아서 아이들에게 '컵라면은 언제든지 와서 먹어도 된다'고 비치해 놓은 적이 있어요. 여기 이사 오기 전이었죠. 그러면 진짜 주말에 와서 컵라면 먹고 가는 아이들이 있어요. "우리는 기부 받는 거니까 필요한 만큼 가져가라"고 했죠. 코로나 때 그 친구들이 잘 지냈는지 걱정이 돼요.

이루고 싶은 목표나 꿈이 있다면?

우리가 처음 시작할 때는 마을에 거점공간이 없었어요. 경로당의 경우 할아버지 할머니들이 낮에만 이용하시잖아요. "아이들 수업 마치고 그 공간을 쓸 수 있으면 마을에서 돌봄을 할 수 있는 거점이 되지 않을까."하는 순진한 생각을 한 적이 있어요. 한 공간에 두 집 살림인 셈이었죠. 그 생각으로 아이들하고 경로당에 가서 영화 봉사도 하고, 경로당에 필요한 부분이 있으면 봉사 활동을 했어요. 2년 좀 넘게 그렇게 한 것 같은데 도저히 문이 열리지 않아 포기를 했죠.

이 동네에는 PC방 말고 아이들이 놀 곳이나 모일 수 있는 공간이 없어요. 학교에서 공부하고 왔는데 또 학교 가서 놀기는 그렇고. 그래서 "아이들의 쉼터, 모일 수 있는 공간을 만들어보자!"는 게 처음 우리들의 목표였어요. 재송동도 도시재생뉴딜사업을 한다고 하니, '아이들을 위한 쉼터나 놀이터를 끼워 넣어볼까'하는 생각을 갖고 있어요. 그게 안 되면 여기라도 오픈할 계획이에요. 시험 기간에는 공부만 할 수 있도록 칸막이를 해 주고, 시험 기간이 끝나면 다시 쉼터로 열고요.

학교든 교육청에든 하고 싶은 말이 많을 것 같은데요?

학교가 마을과 함께 할 수 있도록 문을 열어 주었으면 좋겠어요. 아이들은 학교 안에서만 키울 수 없고, 마을이 함께 키워야 한다고 생각해요. 주민센터에서 아이들을 위해서 하는 게 등하굣길 교통안전 정도에 불과해요. 학교 안에서야 교과 과정 속에서 어떻게든 한다고 하더라도, 아이들이 마을에서 뭘 원하는지, 마을이 아이들에게 어떤 영향을 미칠 수 있는지 고민을 해야죠. 학교에 대한 소속감뿐 아니라 마을에 대한 소속감도 싹틀 수 있도록 학교와 소통이 이뤄졌으면 좋겠어요. 학교에 마을 담당 교사라고 있긴 하지만 마을로 찾아 오시지는 않는 것 같아요. 교육청의 의지도 중요하겠지만 저는 일선에 있는 교장 선생님들의 역할이 더 중요하다고 생각합니다.

교육청에서 어떤 사업을 하려고 해도 교장 선생님이 관심 밖이면 어렵지 않을까요. 심지어 학교가 독립된 왕국 같다는 느낌이 들 때가 있어요. 그게 안타까울 뿐이죠. 우리 스스로에게는 "우리 마을교육공동체가 좀 더 열심히 합시다!" 이렇게 얘기합니다. 우리는 더 할 수 있어요. 그렇지만 우리만 변한다고 바뀌는 게 아니고, 우리만 아이들하고 마을에서 잘 지낸다고 해서 교육환경이 나아지는 건 아니잖아요. 마을교육공동체가 성장하고 확장해 가는 데 있어서 학교의 도움이 꼭 필요하다고 생각해요.

마을에서
배운
아이들에게
들었다

2021년 한국 어린이와 청소년의 행복지수는 경제협력개발기구(OECD 22개
국가 중 22등이다. 학원 스트레스, 행복 의 기준을 타인과 비교하는 문화, 낮
은 자존감, 긍정적인 태도 부족 등 여러 이유를 꼽는다. 이와 더불어 다양한 교
육의 경험을 해야 할 아이들을 학교와 학원의 울타리 안에만 가두어 둔 것도 한
요인이 아닐까 생각된다.

아이들의 행복을 위한 교육은 학교 안과 밖에서 세심하게 이뤄져야 한다. 다양
한 교육의 경험은 보장받아야 할 아이들의 권리다. 그리고 아이들의 목소리에
귀 기울여주는 어른들이 있어야 아이들이 당당하게 목소리를 낼 수 있다. 마을
교육공동체 아이들에게서 마을교육공동체에 관한 생각을 들어보았다.

금정구 **거꾸로놀이터** 대구소프트웨어마이스터고등학교 김지원

남구 **작은도서관 소풍** 백운초등학교 박서영

동구 **이바구맘스** 경남여자고등학교 조주희

동래구 **토닥마을교육공동체** 미남초등학교 최라온

동래구 **토닥마을교육공동체** 미남초등학교 문하용

부산진구 **가치이음마을교육공동체** 개포초등학교 허준혁

부산진구 **양정꾸오름공동체** 동의중학교 문선우

북구 **만덕고등학교사회적협동조합** 멘토단장 강경태

사하구 **고니마을교육공동체** 하단중학교 권나경

연제구 **아트커뮤니티센터라온** 이사벨중학교 민주연

연제구 **아트커뮤니티센터라온** 거학초등학교 민지훈

영도구 **동삼마을교육공동체** 영도여자고등학교 강수현

영도구 **동삼마을교육공동체** 영도여자고등학교 오현진

해운대구 **재반마을교육공동체** 센텀여자고등학교 추지우

금정구 거꾸로놀이터
대구소프트웨어마이스터고
김지원

초등 5학년이었던 2015년 여름, <거꾸로놀이터> 친구들과 그 해 마을교육공동체를 처음 시작하셨던 부모님들과 함께 광안리 바다에서 카약을 탔습니다. 그때의 기억을 떠올리면 지금도 설렙니다. 친구들과 하고 싶은 활동을 이야기하고, 서로 만족할 수 있는 의견을 모으고, 활동을 하면서 재미있었던 순간순간들이 쌓여 지금의 나를 있게 했습니다.

우리는 <거꾸로놀이터>에서 서로를 존중하며 각자의 의견을 반영시켰고, 모두가 만족할 수 있는 결론을 도출해 내는 경험을 쌓았습니다. 어려운 상황 속에서도 문제 해결 능력을 길렀습니다. 우리 마을에 대해 알지 못했던 부분이나 사회문제에 대해 의견을 나누면서 개선 방안을 찾아 실천하며 마을을 조금씩 알아갔습니다. 나는 다른 친구들보다 소심한 편이지만 <거꾸로놀이터>를 통해 사람과 소통하는 법과 자신감을 길렀습니다. 회의를 통해 의견을 조리 있게 말할 수 있게 되었고, 또래 친구들이 경험하기 쉽지 않은 여러 경험들을 했습니다. 내가 힘들 때 도움이 되는 사람들이 공동체에 있고, 어린 시절을 추억하며 이야기를 나눌 친구들이 있습니다.

그동안의 마을교육공동체 활동은 나에게 많은 것을 안겨주었습니다. 중 1 때에는 내 적성을 찾아낼 수 있도록 도와주었고, 중 3 때는 부산소프트웨어마이스터고에 진학할 수 있는 열정과 자신감을 심어 주었습니다. 나는 지금 사회생활을 목전에 둔 고3입니다. 대기업에 취업이 확정되었습니다. 공동체를 통해 내 적성을 일찍 찾았고, 즐기면서 배움을 쌓았고, 혼자가 아니라 더불어 해결하는 경험을 했습니다. 그 경험을 토대로 나의 재능을 세상과 나눌 수 있도록 노력할 것입니다.

남구 작은도서관소풍
백운초등학교
박서영

저는 5학년 1학기 방학식 때 처음으로 작은도서관 소풍에 가게 되었습니다. 1학기에 친구들이 "우리 '작도(작은도서관)에 갈까?"라고 말하는데 '작도'가 어딘지 궁금했습니다. 가보고 싶었지만 학원 시간과 겹쳐 가지 못했습니다. 친구들과 놀지 못해서 슬펐습니다. 1학기 방학식이 있는 날은 4교시 수업이어서 친구들끼리 놀았습니다. 친구들이 "어디 갈까?" 라고 물었을 때 저는 바로 "우리 작도 가자"라고 말했습니다. 친구들은 다들 너무 좋겠다며 신나했습니다.

작은도서관에 도착을 해서 책을 빌릴 수 있도록 회원가입을 하고, 도서관 벽에 그려져 있는 나무에 도서관 가족이 되면 적을 수 있는 동그란 이름표에 제 이름도 적었습니다. 도서관 관장님을 만났습니다. 관장님께서는 아주 친절하게 "안녕, 이름이 뭐니?"하고 물으셨고 "저는 박서영이에요" 라고 대답했습니다. 관장님은 재미있게 놀다가 가라고 하시면서 필요한 것이 있으면 바로 말하라고 하셨습니다. 관장님께서 아이스크림도 주셨고 과자를 먹어도 된다고 하셨습니다. 그리고 제가 학원으로 갈 때 과자를 많이 챙겨 주셨습니다. 그다음 날부터 방학이어서 매일 도서관에 갑니다. 저는 작은도서관에 그림을 그려서 선물을 했고, 그림은 지금도 도서관 입구에 걸려 있습니다.

도서관에서 마을의 솔밭놀이터를 빌려 마을 축제를 할 때 저랑 친구 3명과 함께 노래를 불렀습니다. 저희가 노래를 부른 덕에 교육청의 마을교육공동체 프로그램인 연극 수업이 생겼습니다. 저와 친구들은 6학년이 되어서 도서관에서 재미있는 세계사 공부를 하고, 매주 토요일은 연극을 배웁니다. 오는 9월에는 작년에도 했던 마을 축제에서 연극 공연을 한다고 합니다. 연극 공연을 하기 전에 저는 친구들과 노래를 부르기로 했습니다. 이번에는 많은 친구들과 가족들, 그리고 마을의 어른들이 오신다고 해서 설렙니다. 노래 부르는 것은 지난해에 해봐서 그런지 별로 떨리지 않지만, 연극은 처음이어서 어떨지 모르겠습니다. 하지만 관장님은 '서툴러도 해보는 것만으로도 잘하는 것'이라고 늘 격려를 해주셔서 잘할 수 있을 것 같습니다. 작은도서관 소풍 덕분에 많은 것을 배우고 즐거운 하루하루를 보내고 있습니다. 저는 작은도서관을 정말 사랑하고 아낍니다. 앞으로도 언제든지 가고 싶을 때 도서관에 갈 것입니다. 작은도서관 소풍이 저와 제 친구들, 또 제 동생들에게도 늘 함께 했으면 좋겠습니다. 감사합니다. 작은도서관 소풍 파이팅!!!~ 사랑해!!!!!~~~

동구 이바구맘스
경남여자고등학교
조주희

이바구맘스 활동은 놀이가 가져다주는 결속력과 즐거움에 대해서 다시 되짚어보며 깨우칠 수 있었던 시간이었습니다. 비즈로 팔찌 만들기·향수 만들기·그네 타기·줄로 하는 다양한 활동들을 하면서 몸을 움직이며 스트레스를 풀고, 공동체 안에서 함께하는 즐거움을 느낄 수 있었습니다.

활동을 하면서 놀이의 규칙을 지키며 필요한 규칙을 만들고 따르면서 자연스럽게 공동체의 문제 해결 과정을 배울 수 있었습니다. 학교와 학원에서는 배울 수 없었던 삶에서 필요한 규칙을 함께 논하고 민주적인 방식으로 합의를 도출해 보는 방법을 통해 민주적인 의사결정은 나부터 실천하는 자발성, 타인과의 공감이 필요함을 알게 되었습니다. 또 마을교육공동체 안에서 규칙이 필요한 이유를 자연스럽게 습득할 수 있었습니다. 마을 아이들과 어른들이 모여 함께하는 공동체 활동을 하면서 서로 맞춰나가고 양보하는 자세를 배울 수 있었던 유익한 시간이었습니다.

동래구 토닥마을교육공동체
미남초등학교
최라온

"오늘은 노는데이!"

우리 동네 마을교육공동체 이름은 토닥동래입니다. 마을교육공동체에서 전래놀이를 했습니다. 그동안 학교에서는 놀아본 적이 없는데 이번에 마을엄마 선생님들이 '학교 운동장을 점령하자'며 용기를 냈다고 합니다. 사방치기, 무궁화 꽃이 피었습니다, 수건돌리기 등을 했습니다. 그중에서 수건돌리기가 제일 재밌었습니다. 친구가 넘어져 다치기도 했습니다. 운동장에서 이렇게 다 같이 모여 놀이를 한 건 처음인데 너무 신나고 재밌었습니다. 6살 내 동생부터 5학년 형, 누나들이 다 같이 팀이 되어 놀았는데 싸움도 안 나고 신기했습니다.

기다리고 기다렸던 물총 싸움이 시작되었습니다. 무기는 공평한 걸로 해야 한다며 엄마들이 페트병에 구멍을 뚫어서 준비해 오셨습니다. 집에 있는 멋진 물총이 아니라서 시시할 줄 알았는데 너무 신났습니다. 웃긴 점은 엄마들이 우리보다 더 적극적으로 참여했습니다. 엄마들끼리 작전을 짜서 아이들을 공격하기도 했습니다. 물이 세차게 나올 땐 칙~ 소리를 내기도 했는데 페트병 물총이 이렇게 재밌을 줄 몰랐습니다. 지구를 위해 분리수거를 배웠는데 페트병도 이렇게 물총으로 변신하다니 놀랍습니다. 어쨌든 물총 싸움은 정말 재밌었습니다. 다음에는 '엄마 VS 아이들'로 물총싸움을 해보고 싶습니다. 작전이 필요합니다. "오늘은 노는데이! 신난데이!"를 외치고 아이스크림을 먹고 나서 헤어졌습니다. 역시 놀고 나서 먹는 아이스크림은 꿀맛입니다.

동래구 토닥마을교육공동체
미남초등학교
문하용

동래 용왕제 길놀이

동래 온천 용왕제 길놀이를 했습니다. 풍물놀이를 해보니 재미있고 즐거웠습니다. 풍물놀이가 이렇게 재미있는지 몰랐습니다. 처음에는 사람이 엄청 많아서 조금 부끄러웠지만 금방 아무렇지 않았습니다. 풍물놀이 악기는 징, 꽹과리, 장구, 북으로 이루어져 있습니다. 재미있는 풍물놀이를 한번 해보고 싶습니다.

부산진구 가치이음마을교육공동체
개포초등학교
허준혁

부산진구 마을 연대 행사 "줍깅"

오늘은 가치이음 마을교육공동체가 주관하는 '줍깅행사'가 있는 날입니다. 나는 엄마랑 같이 행사에 참석했습니다. 어린 동생들이 벌써 도착해 있었습니다. 장갑을 끼고서 길에 버려진 쓰레기를 주웠습니다. 쓰레기가 엄청 많았는데 주로 비닐 쓰레기와 담배꽁초였습니다. 비닐 쓰레기는 사라지는데 500년이 걸린다고 합니다. 쓰레기를 많이 버리면 지구가 쓰레기로 뒤덮일 수도 있습니다. 비닐 사용을 최대한 줄였으면 합니다. 그리고 담뱃불을 제대로 끄지 않은 채 버리면 불이 날 수가 있습니다. 건강에도 좋지 않은 담배는 안 피웠으면 좋겠습니다.

바닷속에서 물고기가 미세 플라스틱을 먹고, 그것을 다른 큰 물고기가 먹으면서 우리 밥상까지 온다고 합니다. 우리가 그걸 먹으면 건강이 나빠질 것입니다. 그렇기 때문에 일회용품 사용을 최대한 줄이고, 길에서 쓰레기를 보면 주워서 쓰레기통에 버려야겠다는 생각을 했습니다. 행사를 마치고 아이스크림을 먹는데, 좋은 일을 하고 먹어서 그런지 더 시원하고 맛있습니다. 우리 모두가 지구를 아끼고, 사랑하는 마음을 가졌으면 좋겠다는 생각이 들었고, 의미 있는 행사에 참석할 수 있어서 뿌듯했습니다. "지구야! 이제부터는 너를 잘 지켜 줄게."

부산진구양정꿈오름공동체
동의중학교
문선우

저는 초등학교 6년을 별로 기억하고 싶지 않습니다. 남들은 '초딩' 때를 회상하며 좋은 추억을 떠올린다지만 그때의 저는 뭘 하든 안 되고 항상 부정적이어서 '불운의 아이콘'이라는 별명까지 얻었습니다. 잘하는 것도 하나 없어 저 자신을 깎아내리기 일쑤였죠. 최악의 인생이 최고의 인생으로 바뀐 건 유튜브를 시작한 중1 때부터였습니다. 처음에는 그냥 기분전환으로 가볍게 시작하였습니다. 하지만 그 기분전환이 인생이 바뀌는 큰 계기가 될 줄은 상상도 못했습니다. 유튜브 활동을 하며 '이게 내 천직이구나' 싶었습니다. 저도 몰랐던 재능을 발견한 것이었죠. 남들을 웃겨주고 남들을 즐겁고 행복하게 해주는 영상을 제작한다는 것, 또 그것을 보고 웃고 울고 좋아해 주신 구독자들이 저에게 있어 정말 값진 보물이었습니다.

비록 아직 초보 유튜버지만 영상을 만드는 데 있어 구독자 수는 상관없다고 봅니다. 저는 더 용감해졌습니다. 초등학교 때처럼 뭐든 '난 안 될 거야'라고 하지 않고 과감하게 시도해 보기 시작했습니다. 그중 긍정적 영향을 준 것은 저의 도전들에 있었는데요. 양정꿈오름 공동체가 저의 첫 도전이었습니다. 2~3달에 불과한 짧은 연습 기간 동안 춤을 배워 무대에 올라가 춤을 추고 그걸 영상에 담았습니다. 춤이라곤 막춤밖에 몰랐던 저에게 꽤 신선한 도전이었습니다. 이 도전을 계기로 나를 믿어주는 사람들이 생겼습니다. '사람이 이렇게까지 발전할 수 있구나' 하는 생각이 들었죠. 청소년 힙합공연 활동이 끝이 나고, 두 번째 활동으로 UCC 축제에 참가하였습니다. 양정을 홍보하는 영상 제작을 하는 프로그램이었는데 제가 첫 지원자였습니다. 지원 후 친구들과 배우 캐스팅을 하고 신나고 보람 있게 영상을 찍었습니다. 지금 제 유튜브 대표 영상에 걸려 있을 정도로 아끼는 영상입니다.

저에게 있어 양정꿈오름은 꿈을 열어주는 공동체였습니다. 지금은 청소년 기자단으로 활동하고 있는데, 양정꿈오름의 앞으로의 행보가 정말 기대됩니다. 부정적 인생에서 무한긍정 인생으로 바꿔주신 공동체와 선생님들께 무한 감사를 드립니다. 불운의 초등 생활 속에서 저는 만화가라는 꿈을 꾸었습니다. 지금은 유튜브 크리에이터로 꿈이 바뀌었지만, 그때는 '내가 쓴 글이나 만화가 책에 실리면 얼마나 좋을까' 생각했는데 이렇게 실리니 어릴 적 꿈이 이루어진 것 같아 뿌듯합니다. 지금은 더 많은 행복을 위해 더 많은 시도를 하고 있는 중입니다. 저의 미래, 그리고 양정꿈오름의 미래도 응원 바랍니다. 정말 저에게 있어 긍정적인 영향을 준 고마운 공동체입니다. 초등학생 때와 달리 지금은 가신있게 외쳐봅니다. "나는 문 다큐대"

아프리카 옛 속담 중에 "한 아이를 키우려면 온 마을이 필요하다"라는 말이 있습니다. 모두가 함께 아이들을 키우며. 마을은 아이들이 성장할 수 있도록 배움의 공간이 되어야 한다는 뜻이겠죠. 몇 년간 마을교육공동체를 통해 제가 배우고 경험하였던, 우리가 만들어갈 마을교육공동체도 이러한 모습이라고 생각합니다.

따사로운 햇살이 내리쬐던 2017년 어느 봄날, 친구들과 우리 동네 문화유산 탐방 프로그램으로 만덕사지를 방문했습니다. 만덕동에 꽤 오래 살았지만, 부산광역시 기념물이고, 우리 역사와 선조들의 정신이 고스란히 새겨진 유적지가 있다는 것을 몰랐습니다. 마을 해설사 선생님께서 만덕사지의 역사와 옛 모습을 잘 설명해 주셨는데, 마치 동네 어르신께서 옛이야기를 들려주시듯 편안한 분위기였습니다. 단순히 과거 이야기로만 머무는 게 아니라 현재까지 이어져 온 '만덕동'에 관해 이야기를 들으며 '우리 동네'를 더 잘 이해할 수 있었습니다.

만덕고등학교 과학중점반 학생들과 사회적협동조합, 그리고 마을 주민이 힘을 합쳐 '만덕천살리기 운동'을 시작했습니다. 악취와 오수로 더러워진 만덕천을 지날 때마다 안타까움을 느꼈습니다. '하천을 살려 주민들을 위한 여가 공간으로 바꿀 수 없을까?'하고 우리는 고민했고 움직였습니다. 수질 오염 정도를 분석해 보고, 주민들과 깨끗해질 만덕천을 기대하며 함께 EM 흙공을 만들어 하천에 던지기도 했습니다. 이러한 경험은 '마을의 주인은 우리이며 더 나은 마을을 만들기 위해서 우리가 끊임없이 고민해야 한다'라는 걸 깨닫게 해주었습니다. 우리의 문제를 우리 힘으로 해결하기 위한 노력은 무엇보다 값진 경험이었습니다.

만덕고등학교 사회적협동조합은 매점 운영과 학생 복지 사업뿐만 아니라 학생, 학부모, 교직원, 마을 주민이 자유로이 참여할 수 있는 다양한 프로그램을 운영합니다. 누군가의 아내 혹은 엄마로만 살아온 분들을 대상으로 바리스타 자격증 취득 강좌, 공예 강좌 등을 개설하여 자신만의 작품을 만들기도 하며, 그 계기로 마음 한구석에 고이 간직해 둔 오랜 꿈을 다시 찾기도 합니다. 학생들에겐 마을과 소통할 수 있도록 여러 기회를 제공하고 있습니다. 추석에는 만덕종합복지관과 함께 명절 선물을 들고 지역의 어르신들이 계신 가정을 방문하기도 했습니다. 철없던 개구쟁이들이 직접 선물을 전달하고, 할머니 할아버지께 안마도 해드리며 말동무가 되어드리기도 했습니다.

마을교육공동체 사회적협동조합에서 활동한 지 어느덧 6년이란 시간이 흘렀습니다. 마을교육공동체를 통해 많은 것을 배웠고, 배운 것을 토대로 '예비 교사 강경태'가 되었습니다. 배우는 위치에서 가르치는 입장에 서보니 학교 교육만이 아니라 마을이 학교와 함께 교육을 만들어야 한다는 것을 절실하게 느낍니다. 마을은 아이들이 마음껏 뛰노는 놀이터이기도 하며 학생들이 한층 성장할 수 있는 또 다른 학교이기도 합니다. 그리고 아이들이 꿈을 키우며 재능을 마음껏 펼치는 무대입니다. 저는 꿈꿉니다. 아이들의 웃음이 끊이지 않는 '별난 학교'와 '별난 마을'을 말입니다.

사하구 고니마을교육공동체
하단중학교 권 나 경

고니마을교육공동체에서 환경에 관련된 활동을 많이 했습니다. 그 전에는 환경 활동이라고 하면 학교에서 환경 캠페인이나 포스터 그리기, 직접 실천하는 것으로 학교 주변 환경정화 활동을 하는 정도였습니다.

그러나 고니마을교육공동체에서는 강화소창 손수건 만들기, 폐의약품의 올바른 분리배출에 대해서 배우기, 폐의약품 수거하여 보건소에 가져다주기, EM 흙공 만들기, 만든 흙공을 괴정천에 던져서 괴정천 살리기 등 다양한 활동을 했습니다. 이러한 활동을 해보기 전에는 EM 이라는 유용한 미생물이 있다는 것도 몰랐고, 의약품이 함부로 버려져서 토양과 수질이 오염된다는 사실도 알지 못했습니다. 직접 만들어 보고 실천한 활동들이 재미도 있었지만 환경에 도움이 된다는 사실에 뿌듯함을 느꼈습니다. 그리고 그 이후로 뉴스나 인터넷 기사에 관련 소식이 나오면 관심을 갖고 읽어보게 되었습니다. 최근 '탄소중립', '제로웨이스트'라는 말을 많이 듣게 됩니다. 환경을 위해 일회용품 사용을 자제하고 제로웨이스트 물건을 많이 사용하라고 하는데, 그런 물건을 어디에서 구할 수 있는지, 어떤 것이 제로웨이스트 물건인지도 몰랐는데 강화소창 손수건을 직접 만들어서 사용해 보면서 그런 것을 조금씩 알아갔습니다. 제가 아토피가 있어 여름만 되면 다리에 땀이 차서 피부 트러블이 심했는데 강화소창 손수건을 깔고 앉으면 땀이 차지도 않고 피부에 닿는 느낌이 좋아서 도움이 되고 있습니다.

그리고 '줍깅(봉사활동으로 걷기나 뛰면서 길거리의 쓰레기를 줍는 활동'을 하면서 우리주변에 쓰레기가 너무 많다는 것도 알게 되었습니다. 사람들은 쓰레기를 버릴 때 눈에 띄지 않게 숨겨서 버리는 습관을 가지고 있습니다. 그것을 찾아서 수거하는 것이 힘들었지만 주변이 깨끗해지는 전후의 모습을 보며 보람도 느꼈습니다. 평소 관심이 없어서 그냥 지나쳐 버렸던 것을 직접 경험해 보면서 알게 되고, 또 버려진 쓰레기를 보면 마음이 불편해 지는 데 제가 활동을 하고 나서 달라진 마음가짐입니다. 우리가 하고 있는 활동들을 더 많은 친구들이 경험해보고 관심을 가져, 우리 주변환경에 큰 영향을 끼쳤으면 좋겠습니다.

연제구 아트커뮤니티센터라온
이사벨중학교 **민주연**

아트커뮤니티센터라온마을교육공동체에서 초등학교 4학년 때부터 시작해 현재까지 동생과 함께 수업을 받고 있습니다. 라온에서 저의 상상력을 맘껏 펼칠 수 있어서 좋았고, 예술 작품으로 표현할 수 있어서 즐거웠습니다. 학교에서 제한 당했던 나의 상상력, 창의력을 라온 수업을 통해 맘껏 발휘할 수 있었습니다. 가장 재미있었던 활동은 부산의 명소들을 자신의 캐릭터와 함께 표현해 보는 것이었는데, 이모티콘 제작을 해보고 싶은 제 작은 소망과 부합되는 것이라 그 시간이 더 기억에 남습니다. 그때 관절 인형을 만들어 동영상을 찍었던 기억이 납니다. 그 활동으로 부산의 명소들을 알게 되었고, 나만의 캐릭터도 만들어 볼 수 있어 좋은 경험이었습니다.

라온에서 만든 작품에 대한 가족과 친구들의 다양한 생각을 들을 수 있었고, 소통할 수 있었던 부분도 좋았습니다. 부산시민공원 다솜관에서 처음으로 나의 작품이 전시되었는데, 내 작품이 갤러리에 전시된다는 것이 신기했습니다. 부모님과 함께 전시를 봤는데, 아버지께서 잘했다고 칭찬해 주셔서 뿌듯했습니다. 부산역 유라시아 플랫폼에서 두 번째 전시를 했을 때 관람객들이 좋은 반응을 보여 줘서 기뻤습니다. 어른 한 분이 우리 작품(잠수함 모형을 사고 싶다며 얼마에 살수 있냐고 물었을 때, 비록 팔 수 있는 건 아니었지만 감동이었습니다. 예술가의 마음이 이 같은 마음이 아닐까 생각합니다.

코로나19와 함께 중학생이 되었습니다. 라온 센터에 자주 갈 수 없어서 아쉬웠지만, 좋은 기회를 더 많은 초등학생 동생들이 경험했으면 합니다. 야외 체험 수업이 있을 때 친구들과 참여하여 즐거운 시간을 보내고, 추억도 쌓고 싶습니다. 올해 작품 전시를 한다면 동생이 만든 작품을 관람하러 갈 것이고, 응원해 줄 것입니다. 오랜 기간 동안 다양한 주제와 표현 방법으로 예술을 알게 해 준 아트커뮤니티센터라온마을교육공동체 선생님들 감사합니다.

1학년 때부터 라온에서 예술 수업을 누나랑 엄마랑 같이 듣고 있습니다. 특히 내가 생각한 것을 미술 작품으로 표현할 수 있어서 즐거웠습니다. 매주 배울수록 미술을 더 좋아하게 되었고, 여러 주제를 뽕뽕이, 인조 꽃, 잔디, 나무, 색지 등등 다양한 재료로 붙이고, 만들어내는 것도, 우리 가족들의 생각을 발표 시간에 들을 수 있었던 것도 좋았습니다.

코로나19 전이었던 1학년 때 작품 전시를 했는데 '와~ 내 작품도 전시될 수 있구나!'하고 뿌듯했습니다. 코로나19가 심해져서 수업을 못했을 땐 정말 아쉬웠고, 다시 라온에 가고 싶은 마음에 엄마에게 언제 다시 갈 수 있는지 물어 보기도 했습니다. 야외에 나가서 미술 체험수업을 하는 것도 새로운 경험이었습니다. 6학년까지 라온에 계속 참석하여 배우고, 작품을 만들어 전시해서, 친구들도 초대해 자랑하고 싶습니다. "라온 선생님, 재밌고 즐거운 미술 수업을 해주셔서 감사합니다. 오래오래 라온 마을교육공동체를 운영해주세요~선생님들 사랑해요~."

연제구 아트커뮤니티센터라온
거학초등학교 민지훈

영도구 동삼마을교육공동체
영도여자고등학교
강수연

동삼마을교육공동체 활동을 처음 시작한 것은 중1 때부터였습니다. 처음에는 캠페인 활동과 쓰레기 줍기 활동을 같이 하는 게 어색했습니다. 캠페인 활동 전 주제를 정하기 위해 한 명씩 발표를 해야 했는데 사람들 앞에서 얘기하는 게 어렵고 힘들었습니다. 소심하고 부끄럼이 많기도 했지만 내 의견을 말하고, 서로 이야기하며, 더 좋은 의견을 찾아나가는 분위기가 익숙하지 않아서 더 그랬던 것 같습니다. 하지만 동삼마을교육공동체 활동을 해 나가면서 점차 내 의견을 당당하게 말할 수 있었습니다. 동삼마을교육공동체 활동을 하면서 많은 사람들을 만날 수 있었습니다. 작년에 활동을 할 때 나와 같은 중학교 친구들이 한 명도 없었지만, 주변 여러 학교의 친구들과 같이 활동하면서 친해지고 서로 알아갈 수 있었던 시간이 되었습니다. 환경에 관한 활동을 많이 했는데 동삼마을교육공동체 활동을 하기 전까지만 해도 지구와 주변 환경이 어떤 상황에 처해 있는지 전혀 알지도 못했고, 별로 관심이 없었습니다. 그래서 처음 캠페인에 참여했을 때 조금 어렵고 먼 미래 이야기처럼 다가왔었습니다. 하지만 하면 할수록 우리의 환경이 얼마만큼 오염됐고, 위험에 처해있는지를 알 수 있었고, 관련 지식들을 쌓을 수 있었습니다. 그리고 다 같이 의견을 내고, 서로의 이야기를 귀담아듣고, 환경을 위한 최선의 방법으로 함께 협력하며 애썼던 일들이 가장 와 닿고 좋았습니다.

영도구 동삼마을교육공동체
영도여자고등학교
오현진

어릴 적부터 우리 집은 늘 아이들로 북적거렸습니다. 친구들과 함께 그림도 그리고, 뭔가를 만들기도 하고, 요리 수업을 통해 만든 요리를 나눠 먹기도 했습니다. 엄마들이 선생님이 되어 친구들과 신나게 놀고, 다양한 풍앗이 활동을 하면서 함께 자랐습니다. 그렇게 종일 친구들과 놀면서 했던 풍앗이 수업을, 우리들이 점점 자라나면서 더 이상 집이라는 작은 공간에서 진행할 수 없게 되면서 자연스레 활동이 줄어들었습니다. 초등학교에 입학하고 첫 여름방학을 맞이했을 때 '마을카페'에서 방학 프로그램 수업이 있었습니다. 전문성을 가진 마을 강사 선생님께 수업을 해주셨습니다. 수업방식은 풍앗이 수업과 비슷했지만, 어린이집 친구들로만 구성되었던 수업과 달리 인근의 학교에서 온 친구들이 함께했습니다. 처음에는 잘 모르는 친구들이라 서먹했지만 금세 친해졌고, 방학이 끝나기가 아쉬울 정도였습니다. 해마다 진행되는 '마을카페' 방학 프로그램 덕분에 방학 때마다 친구들을 다시 만나 다양한 경험을 하며 초등학교를 졸업했습니다. 중학생이 되어서 '마을카페'는 '동삼마을교육공동체'라는 새로운 이름으로 활동을 시작했습니다. 만들기 등 체험수업 위주였던 초등학교 때와는 달리 민주시민교육. 자원봉사교육. 환경교육 등 여러 교육을 통해 청소년들이 마을에서 할 수 있는 일이 무엇인지, 우리들이 어떻게 생활해야 하는지 고민하며 살 수 있게 만들어 주었습니다. 그런 고민들이 우리가 '동삼마을교육공동체 청소년 회원'으로 활동하게 된 계기가 되었습니다.

동삼마을교육공동체 청소년 회원으로 활동하던 중 코로나19라는 팬데믹 상황에 놓였고 학교도, 학원도, 집 밖도 나가지 못하는 상황이 되었습니다. 동삼마을교육공동체 선생님들과 우리들은 '안전 수칙을 지켜가며 할 수 있는 일이 무엇이 있을까' 고민하다 캠페인이라는 기막힌 활동을 떠올렸습니다. 처음에는 독도 캠페인. 바다의 날 캠페인. 안전 캠페인. 환경캠페인 등 매달 주요한 날들에 맞춘 캠페인을 하며 함께 피켓도 만들고 구호도 외치는 등 다양한 캠페인을 진행했습니다. 작년부터는 좀 더 전문적으로 영도가 가진 지리적 특성을 살려 '영도기후행동', 바다쓰담(해안쓰레기줍기 활동 및 환경 캠페인을 이어오고 있습니다. 처음에는 피켓 만드는데도 시간이 오래 걸렸지만 이제는 누가 말하지 않아도 자연스레 피켓을 만들 수 있을 만큼 캠페인은 우리의 일상이 되었습니다. 특히 바다의 날, 독도의 날, 방사능 오염수 방지 같은 캠페인 및 퍼포먼스는 활동을 하고 난 후에도 오래도록 뿌듯하게 가슴에 남았습니다.

어릴 적 풍앗이 교육부터 지금 마을교육공동체 활동까지 '함께'라는 단어에 익숙한 나에게 가족과 친구들, 마을 사람들이 다 같이 무언가를 이루어내고 성취한다는 것은 언제나 기분 좋고 신나는 일이었습니다. 그리고 내가 실패했을 때 나를 보듬어 줄 사람이 있고, 나를 더 좋은 곳으로 이끌어줄 사람이 곁에 있다는 사실은 살아가는 데 큰 힘이 되어 주었습니다. 앞으로 또 우리 마을에 어떤 즐거운 일들이 찾아오고, 재미나게 만들어 줄지 상상만 해도 행복합니다. 나를 더 나은 사람으로 성장할 수 있게 만들어준 '동삼마을교육공동체' 모든 분들께 감사드립니다.

> 해운대구 재반마을교육공동체
> 센텀여자고등학교
> **추지우**

'사진'과 같은 동네를 만드는 재반마을교육공동체

최근 거리 두기 완화로 학교에서 체육대회와 같은 여러 행사가 열렸습니다. 고등학교에 입학하기 직전에 코로나19의 유행으로 제대로 된 고등학교 생활을 즐기지 못한 것이 아쉬웠습니다. 문득 중학생 시절의 꽤 많은 추억이 떠올랐습니다. 중학교 1학년 때 우연한 기회로 재반마을교육공동체를 알게 되었고 많은 활동에 참여했습니다. 마을 활동가분들은 항상 "요즘 아이들이 놀만한 데가 없다"며 안타까워하셨고, 아이들을 위해 고민해 주시는 모습이 보기 좋았습니다.

재반마을교육공동체에서 광주로 기행을 갔을 때 '야후 센터'라는 곳을 방문했습니다. 건물에는 노래방, 도서관, 탁구장 따위의 다양한 시설이 있었고 누구나 자유롭게 이용할 수 있었습니다. 특히 폐타이어에 바퀴를 달아 만든 놀이 기구는 마치 옛날 썰매를 연상시켰습니다. 함께한 어른들까지도 어린 아이처럼 함박웃음을 짓게 할 정도로 즐거워했습니다. 만든 분의 아이디어와 아이들을 생각하는 마음이 돋보였고, 재활용이라 더욱 좋았습니다. 가장 인상 깊었던 것은 시설을 소개하는 주체가 어른들이 아니라 아이들이라는 점이었습니다. 바쁜 시간을 쪼개서 나와 준 고3도 있었던 것으로 기억합니다. '야후 센터'의 주인은 아이들이었습니다. 우리 동네에도 아이들이 주인인 멋진 센터가 생기기를 꿈꾸어 봅니다. 지금은 고3이라 활동에 소홀하지만, 대학생이 되면 마을 동생들을 위해 마을활동가로 다시 돌아오리라 다짐해 봅니다.

이웃사촌이 누군지도 모르는 도회지에서 재반마을교육공동체는 동네에 대한 소속감을 느끼고, 더불어 사는 것이 무엇인지 배울 수 있게 해 주었습니다. 예전에 진행한 '모기장 영화제'는 나에게 잊지 못할 추억입니다. 재송여중 운동장에 텐트형 모기장을 치고 친구들끼리 혹은 가족들끼리 삼삼오오 모기장 속에 앉아 영화 '덕구'를 봤습니다. 각자 준비한 간식을 같이 먹으면서 낄낄대고 웃기도 하고, 영화를 보다가 누워서 거뭇거뭇해진 하늘에 남아있는 구름도 보고 달도 보고, 덕구네 가족의 사랑 이야기에 눈물도 흘렸습니다. 영화를 마치곤 시킨 이도 없는데 누구 할 것 없이 운동장을 말끔하게 치웠습니다. 역시 멋진 우리 마을 사람들이었습니다. 모기장 영화제를 마치고 시교육청에서 인터뷰를 했습니다. 재반마을교육공동체는 어떤 존재냐고 물었고 나는 "'사진'과 같다"고 답했습니다. 커서 재반마을교육공동체 이름을 들었을 때 즐거웠던 모습이 사진을 보듯 떠오를 것 같아서 입니다. 학교에서 집으로 향하는 버스의 창문 너머 담벼락에는 '살기 좋은 동네 재송 1동'이라고 적혀있습니다. 재반마을교육공동체가 그 문구의 근거가 되어 주는 것만 같습니다.

동구

래추고마을관리사회적협동조합

수정꿈터

이바구맘스

강서구

가덕천가마을공동체

국제꿈마을학교

노리랑

바로세움마을교육공동체

동래구

동래온세미마을

(사)부산교육연구소

메타사직꺼리

모퉁이작은도서관

아름드리문화재지킴이

온정(온천마을에서 정을 나누는 사람들

토닥동래마을교육공동체

금정구

(사)금정산성문화체험촌

거꾸로놀이터

남산동마을학교네트워크

남산동마을교육공동체함께

부산진구

(사)꿈더하기나눔

가치이음마을교육공동체

꿈모락마을

백양마을사람들

범곡마을교육공동체

성지마을교육공동체

양정꿈오름

청정마을에코라움

연지동 '동네방네'

큰돌마을교육공동체

행복두레박(동아리

기장군

부산기장공동육아사회적협동조합

소두방마을교육공동체

철마씨앗

남구

(사)부산녹색연합

꿈샘어린이집

부산남구마을교육공동체네트워크

직은도서관소풍

부산
마을교육공동체를
말하다

북구
(사)대천천네트워크
대천마을학교
만덕고등학교사회적협동조합
북적북적협동조합
한울타리공동체

사상구
모라덕포마을교육공동체
사상성장맘스
샛강사람들
주례쌈지마을교육공동체

사하구
고니마을교육공동체
넘나들마을교육공동체
하나우리
활짝

서구
다하자 D.H.A.H 마을교육공동체
부산기독교종합사회복지관

수영구
사단법인 정세청세
수영,제로海 에코海

연제구
아트커뮤니티센터라온
연다모
연제공동체라디오사회적협동조합
토현다니보니

영도구
사단법인 한국다문화청소년부산협회
e송도마을교육공동체
누리봄마을교육공동체

중구
다행복키움

해운대구
반송마을교육공동체네트워크
재반마을교육공동체
청년가치협동조합

강서구 1 # 가덕천가마을공동체

2020년 1월 팬데믹이 점차 장기화 되어가는 상황에서 천가초등학교 2학년 학부모들을 중심으로 「함께 키워가는 우리 마을 아이들」이란 가치로 모이게 되었습니다.

우리 마을교육공동체를 소개하는 한 단어

'일타쌍피'

놀이 활동으로 시작해서 환경활동으로 끝나는 활동들을 하는데, 아이들이 자연스럽게 놀이 후 뒷정리 습관을 배울 수 있는 것 같아서 엄마로서 뿌듯해요.

마을교육공동체 활동을 시작하게 된 이유?

학원이 한곳도 없는 작은 마을에서 아이들이 할 수 있는 것이 한정되어 있는데, 내 아이와 하는 놀이를 이왕이면 아이 친구와 함께 하고 싶어 시작하게 되었어요.

우리 마을교육공동체가 운영하고 있는 활동과 앞으로 하고 싶은 활동은?

아직은 마을교육공동체를 체계적으로 운영하는 것이 많이 미흡해요. 사실 마을교육공동체가 무엇이며, 우리가 평소 하는 활동들이 어떠한 가치관을 가지고 임해야 하는지 고민하는 단계라고 할 수 있어요. 앞으로는 몇몇의 학부모가 아닌, 천가초등학교와 연대하여 65명의 전교생들이 하나 되어 마을을 가꾸어 가는 것이 꿈이에요.

우리 마을교육공동체가 바라는 부산의 마을교육공동체 모습은?

연대의 힘을 보여줘 지역 격차 없이 부산 전체가 같은 가치를 두고 우리 아이들이 행복 할 수 있는 교육을 함께 했으면 하는 바람이에요.

국제꿈마을학교 강서구 2

2020년 1월 창립하였으며 명지지역의 청소년 문화 활성화와 각종 동아리 활성화를 통하여 마을에서의 활동을 통한 균형잡힌 인성지도, 지도력, 창의성 개발 등을 기획하여 제공할 목적으로 설립되었습니다. 현재 20여명의 마을활동가와 30여명의 청소년들로 구성되어있습니다.

우리 마을교육공동체를 소개하는 한 단어
'꿈'
꿈이 있는 청소년으로 키워가기 위해 노력하고자 합니다.

마을교육공동체 활동을 시작하게 된 이유?
학교 밖에서 지역의 청소년을 위한 문화 활동과 다양한 프로그램을 제공하여 좀 더 적극적으로 꿈을 키워가며 앞으로 지역과 이웃을 돕는 청소년들로 자랐으면 하는 마음에 시작하게 되었어요.

우리 마을교육공동체가 운영하고 있는 활동과 앞으로 하고 싶은 활동은?
독서동아리 활동 2개반, 청소년오케스트라, 주니어 오케스트라, 청소년 문화 동아리와 부산 원북원 동아리 등이 있어요. 앞으로는 지역에 필요한 봉사활동(재능기부, 청소년 자치활동 및 포럼, 어른들을 위한 문화, 독서 동아리 활동 등으로 확장하고 싶습니다.

우리 마을교육공동체가 바라는 부산의 마을교육공동체 모습은?
'마을교육공동체'라는 이름처럼 지역에서 다양한 모습으로 각 단체가 발전할 수 있도록 역량을 키워갔으면 합니다. 그리고 각 공동체들의 개성과 특징을 살린 프로그램을 계획하는데 도움이 되는 컨설팅과 재정적 지원이 있으면 좋겠습니다. 그러나 교육공동체의 자율성과 독립성이 보장되는 환경이 우선되었으면 합니다.

강서구 3

노리랑

2021년 코로나로 인해 놀 곳이 없고 정서적으로도 우울감 속에 빠져 있는 아이들에게 학부모들이 나서서 아이들과 함께 놀이를 해보자는 마음으로 학부모 동아리가 결성되었습니다. 지금까지도 꾸준하게 아이들과 함께 놀이를 통한 공동체 활동을 이어가고 있습니다.

우리 마을교육공동체를 소개하는 한 단어
'행복'
놀이를 하면 어른도 아이도 행복하니까요

마을교육공동체 활동을 시작하게 된 이유?
단순히 우리끼리 노는 것도 즐겁지만 마을의 아이들이 안전하고 편안하게 놀이를 즐길 수 있는 장을 마련하고 또한 어른도 함께 즐거움을 느낄 수 있어 시작하게 되었습니다.

우리 마을교육공동체가 운영하고 있는 활동과 앞으로 하고 싶은 활동은?
시작단계라 마을교육공동체가 익숙한 단어는 아닙니다. 하지만 앞으로 공동체 활동에 대해서 배우고 한단계 한단계 성장하고자 합니다. 마을의 아이들이 언제든 와서 쉬고 가고 놀고 갈 수 있는 공간을 마련하고 싶습니다.

우리 마을교육공동체가 바라는 부산의 마을교육공동체 모습은?
개별적인 움직임보다는 마을교육공동체를 네트워크로 이어주는 제도가 있으면 좋겠습니다. 어느 단체에서 어떤 우수한 프로그램을 진행하느냐가 중요한 것이 아닌 마을과 마을이 모여 지역을 이루는 것이므로 연대해서 활동하면서 각 마을의 구심점 역할을 할 수 있기를 바랍니다.

바로세움마을교육공동체   강서구 4

코로나 시대를 살아가는 아이들의 인성과 인간관계가 메말라가는 것에 문제 의식을 가진 대저2동 유아, 초중고 어머니들이 모여 2021년에 단체를 설립하게 되었습니다. 다음세대 아이들이 건강한 어른으로 성장 할 수 있도록 성품 교육, 생명존중 성교육, 4차산업 진로지도, 환경운동, 창의공예 프로그램을 운영합니다.

우리 마을교육공동체를 소개하는 한 단어
'바로세움'
가치관을 올바르게 세우고 개인, 가정, 지역사회, 환경의 성장과 회복을 돕습니다.

마을교육공동체 활동을 시작하게 된 이유?
코로나시기를 겪으면서 지역아이들의 대인관계의 어려움, 가정안에서도 자녀들과 소통 되지 않는 문제들을 해결하는데 도움이 되고자 마을교육공동체 활동을 시작하게 되었습니다.

우리 마을교육공동체가 운영하고 있는 활동과 앞으로 하고 싶은 활동은?
성품대화학교, 성품훈계학교, SQ 진로지도, 창의공예, 에코사랑나눔 그리고 지역사회내 플로깅 활동 등을 하고 있으며, 앞으로는 생명존중 성교육, 리더쉽 교육, 독서코칭, 회원들의 마을학교선생님, 환경교육사, 마을역사탐방교육을 계획하고 있습니다.

우리 마을교육공동체가 바라는 부산의 마을교육공동체 모습은?
각 마을 교육공동체마다 자신만의 특색을 가지고 다른 마을교육 공동체와 교류하며 더불어 행복하게 성장하길 원합니다.

금정구 1

(사)금정산성문화체험촌

2013년도 7명의 이사들로 설립하여 전통문화, 전통음식 등의 체험촌을 운영하고 있습니다. 현재까지 우리 마을 대표 식품인 '금정산 막걸리 축제'를 11회 개최하였습니다.

우리 마을교육공동체를 소개하는 한 단어
'마을교육공동체험촌'
마을과 교육이 함께 어울리는 촌이 되었으면 합니다.

마을교육공동체 활동을 시작하게 된 이유?
학교와 마을은 구분 지어지는 것이 아니고 함께 어울려져야 한다는 마음으로 시작하게 되었습니다.

우리 마을교육공동체가 운영하고 있는 활동과 앞으로 하고 싶은 활동은?
청소년과 마을 주민들에게 다양한 지역 문화체험의 기회를 부여하고 있습니다.

우리 마을교육공동체가 바라는 부산의 마을교육공동체 모습은?
다양한 장르로 함께 어우러지는 프로그램 개발을 해나갔으면 합니다.

거꾸로놀이터 금정구 2

2015년 아이들이 주체가 되는 다양한 활동을 경험하기 위해 만든 학부모 모임으로 시작하였습니다. 부모와 아이들이 함께 마을을 이해하고 소통하기 위해서 마을 기록 활동, 줍깅활동, 축제, 재능나눔 등의 다양한 체험활동을 하고 있어요.

우리 마을교육공동체를 소개하는 한 단어
'사랑방'
예전에는 동네 마실 다니며 집에 모여 수다 떨고 온마을이 가족같았지요. 그 모습을 닮아있기도 하고 그렇게 되고 싶어요.

마을교육공동체 활동을 시작하게 된 이유?
2014년 서명초등학교에서 실시한 아이들이 주도가 되는 '거꾸로교실'을 통해 성장한 아이들을 보고, 마을에서 거꾸로교실을 해보고 싶어서 시작하게 되었어요.

우리 마을교육공동체가 운영하고 있는 활동과 앞으로 하고 싶은 활동은?
마을 이해를 위한 마을 기록 활동, 마을 축제, 환경캠페인, 학생이 가진 재능을 기부하는 재능나눔, 가족운동회 등의 활동을 하고 있구요. 초기 멤버인 아이들이 내년에는 청년이 되는데 그들만의 리그가 만들어졌으면 좋겠어요.

우리 마을교육공동체가 바라는 부산의 마을교육공동체 모습은?
'따로 또 함께' 서로간의 상호작용을 통한 시너지를 기대해 봅니다.

금정구 3 # 남산동마을학교네트워크

2021년 금정구가 다행복교육지구가 되면서 풍물, 연극, 돌봄기관, 공동체 등 다양한 색깔의 9개 단체가 고유 활동을 살려 마을의 아이들에게 풍성한 배움터를 만들어주고자 결성했어요.

우리 마을교육공동체를 소개하는 한 단어

'마을배움터'
각각의 특색을 살려 아이들과 지역주민들의 다양한 배움터가 되고 싶기 때문이에요.

마을교육공동체 활동을 시작하게 된 이유?

2021년 금정구가 다행복교육지구가 되면서 학교와 마을의 끈을 이어 아이들의 교육변화를 위해 노력하기 시작했어요. 오랫동안 마을에서 그 역할을 해 왔던 단체들이 아이들을 위한 다양하고 풍성한 교육의 기회와 공간을 만들어주기 위해 남산동마을학교네트워크로 뭉쳤습니다.

우리 마을교육공동체가 운영하고 있는 활동과 앞으로 하고 싶은 활동은?

공동사업으로 <우리는 마을에서 배우며 논다>로 남산동 마을학교 안내서를 만들고, 함께할 공동체나 단체를 확대할 생각이에요. 학교와 연계하여 <마을나들이 교사양성>도 준비중입니다. 그리고 함께 하는 9개의 단체가 만들고 싶은 '마을학교'가 어떤 것인지 그림을 그려갈 예정이에요. 지금은 각자의 강점을 살려 아이들과 더 자주, 더 깊이 만나는 것으로 시작하려고 해요. 앞으로는 학교와 연계하여 마을이 아이들의 교육의 장이자 삶의 기술을 배우고 살아갈 힘을 키워갈 수 있는 그런 배움터가 되었으면 해요.

우리 마을교육공동체가 바라는 부산의 마을교육공동체 모습은?

우리는 삶과 연결된 교육, 문화예술이 함께 하는 교육, 성적이나 입시보다 사람과의 관계를 좀 더 돈독히 할 수 있는 교육을 하기를 바래요. 내가 살아가는 이 마을 혹은 이 사회가 나 자신 뿐 아니라 '우리'가 함께 행복해 질 수 있는 그런 곳이길 바라니까요. 각자가 가진 색깔을 잘 살려 마을에서 아이들과 부모들, 마을 주민들이 즐겁게 배우고 어울릴 수 있기를 바래요.

*함께하는 단체 : 청소년자유공간 너나들이, 풍물굿패 소리결, 연극놀이터 쉼, (사)금샘마을공동체, 머드레행복마을추진협의회, 금샘마을지역아동센터, 금샘아이꿈마당 다함께돌봄센터, 남산동마을교육공동체 함께, 부산온배움터

남산동마을교육공동체함께

금정구 4

남산동마을교육공동체함께는 '놀이'가 주는 재미와 지혜, 너와 나를 이어주는 '소통의 끈'임을 믿고 실천하는 주민 모임으로 2018년부터 교육청 사업과 다양한 마을 활동을 펼치고 있습니다. 사람과 사람을 잇고, 사람과 환경을 이루고, 든든한 마을교육공동체의 울타리를 세워 학교와 마을교육으로 함께 성장하는 마을교육공동체를 실현하고자 합니다.

우리 마을교육공동체를 소개하는 한 단어
'함께'
함께의 가치를 모두에게 전달하고 싶습니다.

마을교육공동체 활동을 시작하게 된 이유?
마을에서 일상생활을 하는 학부모들이 모여 공교육에서 할 수 없는 교육을 마을에서 시작해보자는 뜻으로 시작하게 되었어요.

우리 마을교육공동체가 운영하고 있는 활동과 앞으로 하고 싶은 활동은?
남산동마을교육공동체 함께는 지역 내 놀이터를 활용한 월1회 정기 놀이마당을 개최하고 있으며, 마을 지역주민과 함께 즐길 수 있는 벼룩시장과 음악회, 여름 물놀이 등을 정기적으로 주최하려고 합니다.

우리 마을교육공동체가 바라는 부산의 마을교육공동체 모습은?
마을과 마을이 연대하는 공동체가 되기를 바랍니다.

기장군 1. # 부산기장공동육아사회적협동조합

아이와 어른이 더불어 성장하며 이웃과 나누는 삶을 실천하는 교육공동체로, 2014년 기장군 정관신도시에서 공동육아를 지향하는 부모와 교사들이 만든 '짱짱어린이집'으로 시작하여 2018년부터는 초등 아이들의 건강한 성장과 배움을 이어가는 푸른들판초등 방과후 학교를 함께 운영 중인 공동육아 사회적협동조합입니다.

우리 마을교육공동체를 소개하는 한 단어

'공동체'

사람은 어른, 아이, 남녀노소 할 것 없이 모두 함께 어울려 살아갈 때 즐겁고 힘이 나지요. 우리 공동체는 서로 조금만 힘을 보태도 어려움은 반이 되고 행복은 배가 되는 "더불어"의 가치를 배우는 곳입니다.

마을교육공동체 활동을 시작하게 된 이유?

아이와 어른이 함께 놀며, 함께 살아가는 기쁨을 우리 마을의 더 많은 이웃들이 같이 느꼈으면 해서 마을교육공동체 활동을 시작했습니다. 한 아이를 키우는데 온 마을이 필요하다는 아프리카 속담처럼, 부모, 이웃, 학교가 모두 함께 아이 키우며 더불어 살아간다면 우리 마을이 얼마나 아름다울지 그 모습을 우리는 늘 꿈꿔 왔거든요.

우리 마을교육공동체가 운영하고 있는 활동과 앞으로 하고 싶은 활동은?

정관에 살고 있는 아이들과 어른들이 우리 마을의 자연 속에서 함께 어울리는 가운데, 우리 공동체 부모와 교사들이 가진 재능 나눔을 통하여 육아, 돌봄, 교육에 관한 재미있고 의미있는 활동을 진행하려고 합니다. 마을의 자연과 계절의 에너지를 생생히 만나는 마을 생태나들이와 자전거나들이를 시작으로 친환경 생활용품 만들기, 아이 감각발달 몸놀이와 테라피 요가 등이 상반기에 진행되고, 목공과 뜨개, 생태놀이터 등 부모와 아이가 함께 하는 다채로운 활동들이 하반기까지 쭉 예정되어 있습니다.

우리 마을교육공동체가 바라는 부산의 마을교육공동체 모습은?

때로는 크고 거창한 것보다 작고 소소한 것의 아름다움이 더 빛을 발할 때가 있지 않나요? 소박하지만 다양한 그 작은 빛들이 모여 더 큰 빛으로 함께 반짝일 수 있도록 앞으로도 많은 지원을 통해 이끌어 주시면 좋겠습니다.

소두방마을교육공동체

기장군 2

방곡초등학교의 학부모활동으로 시작되어 구성원 대부분이 방곡초 학부모입니다. 2020년 처음 교육청 마을교육공동체 사업에 선정되었으며 지역사회와 학교를 연결하고 학부모들의 성장을 도우며 아이들과 함께 마을을 사랑하는 마음을 나누기 위한 체험활동을 하고 있습니다.

우리 마을교육공동체를 소개하는 한 단어
'소두방'
정관(자궁을 닮은 지형, 솥뚜껑(솥뚜껑운전, 솟은 바위 이러한 이미지들이 깨어남과 움직임 성장을 연상시키는 것 같아요.

마을교육공동체 활동을 시작하게 된 이유?
학교에서 '꿈틀놀이단'이라는 놀이동아리를 운영하였고 '기장군평생학습과'와 함께 마을활동가 수업을 열면서 본격적으로 활동을 하였습니다. 아이들과 함께 할 수 있는 일을 하고 싶었고, 때마침 마을교육공동체 지원사업을 받게 되면서 시작하게 되었어요.

우리 마을교육공동체가 운영하고 있는 활동과 앞으로 하고 싶은 활동은?
마을나들이, 마을이해하기, 정관-기장-부산 역사탐방 및 마을소개 컨텐츠 발굴, 역량강화를 위한 미디어 제작 관련 수업과 독서토론을 하고 있습니다. 마을그림책 만들기도 준비하면서 그림그리기 등 아이들이 참여할 수 있는 다양한 활동을 하고 있습니다. 앞으로도 지속적으로 '마을 놀이터' 활동을 하고 싶습니다.

기장군 3

철마씨앗

2020년 학부모 씨앗동아리를 시작으로 성장한 부모들의 교육철학이 마을교육공동체의 필요성으로 이어지게 되었습니다. 마을교사 40%, 학부모30%, 교직원30%의 구성원이 학부모씨앗동아리 회원들과 협업하여 활동하고 있습니다. 자연재료를 활용한 생태, 예술 활동을 중심으로 환경보호의 중요성을 알려주고, 아이들이 가지고 있는 무한한 창의력의 잠재요소를 키워주고자 합니다.

우리 마을교육공동체를 소개하는 한 단어

'씨앗'

씨앗, 꽃, 잎, 열매가 저희 교육의 기본재료이기도 하고 모든 생명의 시작이 씨앗이니까요.

마을교육공동체 활동을 시작하게 된 이유?

아름다운 자연환경을 가진 철마라는 공간의 장점을 기반으로 예술, 문화 체험활동을 통해 이 지구의 모든 교육의 바탕이 자연임을 깨달을 수 있는 기회를 만들어 아이들이 꽃을 따 먹으며 살 수 있는 세상을 만들고 싶습니다.

우리 마을교육공동체가 운영하고 있는 활동과 앞으로 하고 싶은 활동은?

아홉산숲이 가진 대나무라는 훌륭한 문화 컨텐츠를 살려 죽공예가와 함께 역량강화 수업을 하였고, 철마초 전교생이 함께 아홉산 숲속공연장에서 오케스트라를 공연을 하였습니다. '열린하늘교실'에서는 명상, 요가, 별보기, 째즈 콘서트 등 자연 감성을 흠뻑 채취 할 수 있는 체험을 예정하고 있고, 옥수수가 영글어 수확하면 각 학년별로 건조를 시켜 팝콘과 뻥튀기 체험이 가능한 '다 튀긴 day'도 계획 중입니다.

우리 마을교육공동체가 바라는 부산의 마을교육공동체 모습은?

부산의 지역구별 다양성과 특색을 살리고 마을의 모든 구성원들 간 징검다리 역할을 할 수 있는 공동체로 오래 사랑받고 이어져가길 바래 봅니다.

(사)부산녹색연합

남구 1

(사)부산녹색연합은 1997년에 설립한 비영리민간단체로 환경교육과 환경생태보존운동을 목적으로 지역 환경문제 개선 및 자연환경 보존을 위해 노력하고 있는 비영리민간단체입니다.

우리 마을교육공동체를 소개하는 한 단어
'사람과 사람을 잇는 마을공동체'
우리 마을 사람이 교사가 되어 애정을 갖고 마을 아이들에게 자연과 환경, 미래를 위한 교육을 하여 서로가 연결되는 마을교육공동체라고 생각합니다.

마을교육공동체 활동을 시작하게 된 이유?
지역에 대한 관심과 애정이 있는 주민들이 스스로의 역량을 강화하여 마을생태교사로서 지역 내 학교 수업에 참여하여 환경 관련의 중학교 자유학기제 수업 과정을 구성하고 진행하는 등 마을이 자생적으로 일자리를 창출하고 전문적으로 마을교사를 양성하기 위해 시작하게 되었습니다.

우리 마을교육공동체가 운영하고 있는 활동과 앞으로 하고 싶은 활동은?
마을생태교사 양성을 위한 역량강화 활동으로 기초, 심화(1,2차 단계가 있으며 이후 지속적인 교육으로 전문성을 높여 질 높은 수업을 할 수 있도록 지원할 예정입니다. 또한 2019년 환경부 인증 '우수환경교육 프로그램' 기관으로 지정된 해양환경교육인 '호기심 바다학교'를 지속적으로 운영하여 우수한 프로그램을 전문성이 높은 교사가 진행할 수 있도록 연계할 예정입니다.

우리 마을교육공동체가 바라는 부산의 마을교육공동체 모습은?
각자 활동하는 마을교육공동체가 서로 연결되어 함께 성장하는 커다란 공동체로 확장되는 모습입니다.

남구 2

꿈샘어린이집

부모, 교사, 아이들이 함께 만들어 가는 공동육아 어린이집으로 마을 속에서 아이와 어른이 함께 성장해 나가는 공간이에요. '생태교육', '생활교육', '관계교육', '통합교육'을 통해 아이는 '우리'의 소중함을 배워 갑니다.

우리 마을교육공동체를 소개하는 한 단어
'성장'
아이는 자연과 마을 속에서 자라고, 어른은 아이들과 함께 성장하는 곳이라 생각하기 때문입니다.

마을교육공동체 활동을 시작하게 된 이유?
꿈샘 아이들이 자연에 흠뻑 빠져 노는 것을 마을의 아이들에게도 경험하게 해주고 싶었어요. 마을의 아이들이 서로 만날 수 있고, 육아 고민을 함께 할 수 있는 부모들을 만날 수 있는 장이 절실히 필요했어요.

우리 마을교육공동체가 운영하고 있는 활동과 앞으로 하고 싶은 활동은?
매년 음력 5월 단오제를 평화공원에서 개최하고 있어요. 놀이의 가치를 알리고 아이들이 놀이에 흠뻑 빠질 수 있는 장을 마련해주고 싶어요.

우리 마을교육공동체가 바라는 부산의 마을교육공동체 모습은?
좋은 공동체는 서로 협력하고 나의 것을 조금씩 나누며 도닥일 수 있는 곳이라 생각됩니다. 부산의 마을교육공동체가 그런 모습을 갖추어 아이들이 진짜로 잘 성장할 수 있는 곳을 만들었으면 좋겠어요.

부산마을교육공동체네트워크 남구 3

2019년, 부산 남구에서 활동하는 다양한 교육 단체들이 모여 우리 마을 아이들을 건강하게 함께 키우고 스스로 성장하는 공동체를 만들어 나가자는 마음을 모아 생기게 되었어요.

우리 마을교육공동체를 소개하는 한 단어
'왜 안돼?'
아이들이 가고 싶은 학교, 어른도 아이도 건강하게 성장하는 마을, 어린 아이부터 나이 지긋한 어른들까지 함께 어울려 지내는 지속 가능한 마을을 우린 꿈을 꿉니다.

마을교육공동체 활동을 시작하게 된 이유?
공동의 문제를 함께 해결할 수 있다고 생각했기 때문이죠. 나 혼자서, 내 아이만 잘 키울 수 없다는 생각에 함께 할 수 있는 일을 찾아 나섰지요. 힘을 모으면 혼자서는 할 수 없는 일들이 가능하다는 것은 그 자체로 희망이니까요. 저희는 마을에서 자주 만나는 일들이 많았는데요, 본격적으로 네트워크하게 된 계기는 '평화공원 지키기'였어요.

우리 마을교육공동체가 운영하고 있는 활동과 앞으로 하고 싶은 활동은?
평생교육센터를 만들고 싶어요. 청소년, 성인, 노인 모두 각자의 공간과 활동이 조화를 이루는 곳. 그런 곳을 만들고 싶어요.

우리 마을교육공동체가 바라는 부산의 마을교육공동체 모습은?
교육을 이야기할 때, 한숨이 먼저 나오는 것이 아니라 환한 웃음이 나오는 교육이었으면 좋겠어요. 그리고 학교교육을 마쳐도 부산을 떠나지 않는 그런, 마을교육공동체가 되었으면 좋겠습니다.

남구 4

작은도서관소풍

2020년 4월 말, 예순을 앞둔 부부가 노년에 어떻게 살아갈 것인가를 고민하다가 용호동에 작은 도서관을 만들면 좋겠다는 생각으로 시작했습니다. 지역의 학부모들이 도서관 운영에 참여하면서 지금은 개인의 도서관이 아니라 지역의 아이들을 건강하게 키우기 위한 마을교육공동체로서 자리매김하는 중입니다.

우리 마을교육공동체를 소개하는 한 단어
'시끌벅적'
작은 도서관 소풍은 보통의 도서관과 다르게 아이들이 마음껏 떠들고 놀다가는 곳입니다.

마을교육공동체 활동을 시작하게 된 이유?
개인주의가 만연하는 현재의 사회에서 더불어 사는 사회로의 전환은 아이들로부터 시작되어야 한다고 느꼈기 때문입니다.

우리 마을교육공동체가 운영하고 있는 활동과 앞으로 하고 싶은 활동은?
시 쓰기 및 학습 멘토링, 재미있는 우리 역사 이야기, 연극반, 악기 강습 등을 진행하고 있습니다. 앞으로는 용호동의 역사와 사람들의 이야기를 담은 짧은 영화를 아이들과 함께 만들고 싶습니다.

우리 마을교육공동체가 바라는 부산의 마을교육공동체 모습은?
마을교육공동체가 서로의 경험을 나누면서 마을교육이 학교교육과 함께 아이들을 키워나갈 수 있는 환경이 되었으면 합니다.

래추고마을관리사회적협동조합

동구 1

부산 동구 래추고 도시재생 뉴딜사업의 일환으로 설립되었고 부산 동구 범일동에 위치하고 있습니다. 지역의 한복산업종사자 · 봉제산업 종사자 · 마을주민들이 주민자조조직을 2021년 2월에 결성하였습니다. 현재 한복문화분과, 봉제공예분과, 부산진성역사문화분과로 구성되어 지역사회를 위한 다양한 활동을 하고 있습니다.

우리 마을교육공동체를 소개하는 한 단어
'래추고(來追古'
오래된 가치로 미래를 만든다.

마을교육공동체 활동을 시작하게 된 이유?
부산진성이라는 역사적 가치를 살리고 한복과 재봉틀 산업을 다시 부흥하려는 목적으로 만들어진 주민공동체입니다. 우리 아이들이 부산진성 역사, 한복 문화, 재봉틀 산업을 배우고 체험하며 지역에 대한 자긍심을 가질 수 있도록 마을교육공동체를 시작했습니다.

우리 마을교육공동체가 운영하고 있는 활동과 앞으로 하고 싶은 활동은?
한복을 체험하고 만들며, 재봉틀을 가르치고 체험할 수 있는 교육활동과 부산진성 역사를 체험할 수 있는 어린이조선통신사 행렬 재현 등의 활동을 하고 있습니다. 부산진성을 방문하는 아이들이 한복을 입고 부산진성에서 뛰어놀고, SNS에 올릴 사진을 찍을 수 있는 체험사업을 할 예정입니다.

우리 마을교육공동체가 바라는 부산의 마을교육공동체 모습은?
어디서나 체험할 수 있는 프로그램에 마을교육공동체라는 이름으로 예산이 지급되는 관성에서 벗어나길 바랍니다. 1회성, 1년 단위 단기 사업 대신 장기적 비전을 가지고 공동체별 정체성과 독창성을 살릴 수 있는 교육공동체가 만들어지길 바랍니다.

동구 2 수정꿈터

수정초등학교 어머니들의 작은 모임이 마을교육공동체 지원사업에 선정되어 <수정꿈터>라는 멋진 이름을 달고 2년차 활동을 시작합니다! 마을에서 우리 아이들 모두가 주인이 되어 신나고 의미있는 활동을 하는 공동체가 될 희망합니다.

우리 마을교육공동체를 소개하는 한 단어
'어린이'
'어린이'가 주인공이지요

마을교육공동체 활동을 시작하게 된 이유?
우리 아이들이 학교 밖에서도 자발적으로 다양한 활동을 경험해보면서 세상을 알아가는 과정이 중요하다는 생각을 가진 엄마들이 모여 공동체 활동을 시작하게 되었습니다.

우리 마을교육공동체가 운영하고 있는 활동과 앞으로 하고 싶은 활동은?
올해 중점을 둔 사업은 마을축제(5월, 10월 2차례와 아이들이 세계 속 한국이라는 주제로 세계문화체험관을 운영하는 사업입니다. 또한, 동구의 역사를 알아보고 그 활동을 기록에 남기는 미디어활동도 진행할 예정입니다. 앞으로는 지구환경을 주제로 일상생활에서 우리가 할 수 있는 다양한 환경보호 활동도 계획하고 있습니다.

우리 마을교육공동체가 바라는 부산의 마을교육공동체 모습은?
어린이가 마을의 주인이 되어 공동체가 가진 다양한 문제를 생각해보고 그 문제를 해결하고자 노력하는 공동체가 되었으면 합니다. 함께 더불어 살아가는 공동체야 말로 공동체의 진정한 모습이 아닐까 생각합니다.

이바구맘스 동구 3

2020년 초록우산 부산종합사회복지관을 중심으로 첫해를 시작 하였고, 2021년부터 학부모가 중심이되어 마을교육공동체 활동을 하게되었어요. 동구관내의 아이들을 키우는 엄마들의 모임으로 숲놀이, 독서놀이, 역사놀이문화활동, 지역축제 참여 등의 사업을 하고 있어요.

우리 마을교육공동체를 소개하는 한 단어
'잘놀자'
이바구맘스는 '잘 놀자'로 표현이 될 것 같아요 어른도 아이도 잘 놀아야 잘 성장한다고 생각하기 때문이에요.

마을교육공동체 활동을 시작하게 된 이유?
동구다행복교육지원센터의 추천으로 시작하게 되었지만, 선진지 체험으로 '대천마을'을 다녀온 후, 동구의 모든 아이들이 자신들이 하고 싶은 활동을 할 수 있는 장을 만들어 주고 싶었어요.

우리 마을교육공동체가 운영하고 있는 활동과 앞으로 하고 싶은 활동은?
'잘 놀자'가 공동체의 주제라서 숲에서도 놀고, 책이랑도 놀고, 지역에서도 놀 수 있는 활동을 지속적인 활동으로 만들고 싶어요 앞으로 동네 마을지도도 스스로 만들어보고, 초량천의 생태에 관한 사업도 해보고 싶어요.

우리 마을교육공동체가 바라는 부산의 마을교육공동체 모습은?
우리 마을교육공동체의 활동들을 꾸려가느라 큰 숲인 부산마을교육공동체의 모습에 관한 부분은 생각을 하지 못했는데요 저희의 역량이 커진다면 같은 주제를 가지고 있는 각 지역의 공동체들과 이어져 유기적인 관계가 지속되었으면 좋겠다는 생각입니다.

동래구 1

동래온세미마을

2022년 3월에 설립했으며 전문 IT교육 강사들과 마을 주민들이 함께 소통의 도구로 IT교육의 장을 마련하여 배움과 나눔의 꿈을 실현하는 마을 교육 공동체입니다.

우리 마을교육공동체를 소개하는 한 단어
'꿈꾸는 IT 탐험대'
학생들이 활동들을 통해 자유로운 상상력을 바탕으로 꿈꾸고 도전하고 스스로 질문도 하면서 미래 핵심 역량인 창의적인 문제 해결력을 기르고 꿈을 실현할 수 있었으면 합니다.

마을교육공동체 활동을 시작하게 된 이유?
급변하는 사회에서 지역구 학생들의 미래 핵심 역량인 IT 역량을 증진 시키고 융합적 문제 해결력과 창의성을 길러주기 위함이며 다행복학교나 SW 선도 학교가 아닌 경우 경험하기 어려운 4차 산업 혁명 기술인 Iot 코딩, 3D프린터, 메이커 기술을 실습하기 위해서 활동을 시작하게 되었습니다.

우리 마을교육공동체가 운영하고 있는 활동과 앞으로 하고 싶은 활동은?
아두이노를 활용한 에너지 절약 선풍기 만들기 프로그램, 뚜루뚜루 로봇 코딩과 1인 메이커 되기 프로그램 수업으로 활동 중이며 앞으로 더 다양한 아이템을 연구하여 운영할 예정입니다.

(사)부산교육연구소 동래구 2

1997년 5월 10일 창립했으며, 부산지역의 교사, 교수, 학부모 등이 교육관련 정책연구, 현장 수업 개선 연구 등을 위하여 창립한 사단법인입니다.

우리 마을교육공동체를 소개하는 한 단어
'부산교육연구소'
부산지역의 교육에 대한 총체적 고민을 하는 곳으로 마을교육공동체에 관한 현황 파악 및 방향성을 제시합니다.

마을교육공동체 활동을 시작하게 된 이유?
마을교육공동체에 직접 참여하여, 이론과 실천의 간격을 좁히고, 부산지역 교육 연구 역량의 지평을 확대하기 위해 시작하였습니다.

우리 마을교육공동체가 운영하고 있는 활동과 앞으로 하고 싶은 활동은?
구성원 역량강화 사업으로 도시에서 마을교육공동체의 나아갈 방향을 탐구하고, 학생프로그램으로는 수학체험, 수학 클리닉, 독서지도 등으로 연구소 역량을 활용하고 있습니다.

우리 마을교육공동체가 바라는 부산의 마을교육공동체 모습은?
입시경쟁 교육을 벗어나 미래의 새로운 삶을 확보하는 교육의 방향성을 제시하는 기관으로 성장하기를 바랍니다.

동래구 3 # 메타사직꺼리

2019년 '사직꺼리'라는 팀명으로 아들과 함께 '다함께 깔깔깔'이라는 공모사업에 지원해 마을지도를 구글에 제작한 것이 시작입니다. 이후 유튜브를 제작해 마을 속 공간을 지도와 함께 영상안내를 할 수 있었습니다. 이를 더 많은 사람들과 협업하고 싶어 마을교육공동체를 시작하게 되었어요.

우리 마을교육공동체를 소개하는 한 단어

'메타버스'
마을지도를 메타버스화 하고 싶습니다.

마을교육공동체 활동을 시작하게 된 이유?

태권도장을 운영하면서 주말이면 무료로 영어나 한문, 컴퓨터 등을 지도해오고 있습니다. 지난해에는 아들이 독학으로 코딩대회 전국 1위를 하였고, 현재 메타버스 플랫폼인 게더타운을 운영하면서 기술적으로 보완하고 확충하고 있는 상태입니다. 이에 보다 많은 이들과 함께 하고자 시작하게 되었습니다.

우리 마을교육공동체가 운영하고 있는 활동과 앞으로 하고 싶은 활동은?

온라인으로 아이들과 함께 기획하면서 기술적 진보와 다양한 가치를 나누면서 만들어 나가고자 합니다. 오프라인에서는 마을 문화를 직접 탐방하며 사진이나 유튜브를 통해 온라인에서 부족한 부분을 보완해서 좀 더 적극적으로 마을을 알리는 작업을 하고자 합니다.

우리 마을교육공동체가 바라는 부산의 마을교육공동체 모습은?

지역마다 특색이 있을 겁니다. 저희 단체는 시대적 요구에 적극적이고 능동적으로 부응하고자 합니다. 4차 산업 그리고 창의적 문제 해결 능력 배양 등에 협력과 가치 창출의 학습터를 제공하고자 하는데 컴퓨터나 프로그램 등의 재정적 지원이 필요할 것 같습니다.

모퉁이작은도서관　동래구 4

2017년 10월에 개원한 지역주민을 위한 작은도서관입니다. 지역 내에 돌봄 사각지대에 있는 학생들을 지원할 수 있는 공간의 필요성을 절감하면서 세워진 마을교육공동체입니다.

우리 마을교육공동체를 소개하는 한 단어
'모퉁이'
모퉁이작은도서관은 정말 길 모퉁이에 있습니다.
누구나 쉽게 지나가는 길 모퉁이에 있어서 모퉁이작은도서관입니다.

마을교육공동체 활동을 시작하게 된 이유?
처음에는 마을의 작은도서관으로 학생들에게 정서함양을 위한 독서지도를 주요 활동으로 생각했는데, 지역 내 돌봄 사각지대에 있는 학생들이 생각보다 너무 많은 것을 알게 되었고 이 학생들을 돌볼 수 있는 방안을 고민하면서 마을교육공동체 활동을 시작하게 되었습니다.

우리 마을교육공동체가 운영하고 있는 활동과 앞으로 하고 싶은 활동은?
올해 처음으로 부산마을교육공동체 지원사업에 참여하였기에 현재로는 부산마을교육공동체 돌봄단계의 사업(급식지원과 심리정서상담 지원에 모든 역량을 집중하고 있구요. 동래구 체육센터와 연계하여 초등학생들을 위한 체육활동도 진행하고 있습니다. 앞으로는 특별히 돌봄 사각지대 학생들의 심리정서 상담에 더 많은 역량강화와 대상의 확대를 기대하고 있습니다.

우리 마을교육공동체가 바라는 부산의 마을교육공동체 모습은?
마을교육공동체의 진정한 주인공이자 모든 가치판단의 근거는 바로 학생들이라고 생각합니다. 기성세대, 부모세대로서 다음세대인 학생들의 올바른 성장, 성숙을 돕기 위한 통로의 역할에 최선을 다하는 부산마을교육공동체들이 되기를 기대합니다.

동래구 5

아름드리문화재지킴이

아이를 키우며 비슷한 공감대와 가치관을 가진 학부모들의 모임으로 시작하여 내 마을의 역사와 문화재를 알리고 보전하는 마을 교육 공동체로서 5년째 아이들과 함께 배우고 성장하는 중입니다.

우리 마을교육공동체를 소개하는 한 단어
'재능기부'
저희의 재능기부는 거창하고 대단한 것이라기보다 아이들 스스로가 찾고 공부하여 제 것으로 만드는 노력의 결과를 지역사회와 함께 나누는 것에 그 의미가 있습니다.

마을교육공동체 활동을 시작하게 된 이유?
마을교육공동체 사업을 통해 내가 마을의 주인이 된다는 의미를 느낄 수 있는 활동을 많이 가질 수 있었습니다. 학생들이 재능기부를 할 수 있는 사업들이 지역사회의 교육에도 잘 활용될 수 있을 거라 기대하고 있습니다.

우리 마을교육공동체가 운영하고 있는 활동과 앞으로 하고 싶은 활동은?
학생이 주축이 되는 활동이 많기 때문에 또래 친구들과의 소통을 통해 문화를 선도하는 역할을 할 수 있을 것 같습니다. 또한 청소년들의 SNS나 문화컨텐츠 활용도의 수준이 높기 때문에 변화하는 시대에 발맞춰 지역사회에 좋은 역할을 할 수 있습니다.

우리 마을교육공동체가 바라는 부산의 마을교육공동체 모습은?
기관과의 원활한 소통이야 말로 공동체가 성장해 나가는 큰 원동력이 아닐까 싶습니다. 마을교육공동체간 협동도 중요하지만, 그 장을 열어줄 기관이 매개 역할을 잘 해준다면 각자 가진 재능을 합하여 마을 전체에 도움이 될 다양한 일들을 해 나갈 수 있을 것 같습니다.

온정(온천마을에서 정을 나누는 사람들

동래구 6

온천1동을 중심으로 만들어진 마을교육공동체입니다. 학부모들과 소통하며 삭막한 아파트 생활에 생기를 불어넣고, 다행복교육의 의미를 함께 공부하기 위해 2021년에 설립했어요. 올해 초 예비 초등학부모교실을 시작으로 회원들과 소통하며 다양한 활동을 하고 있습니다.

우리 마을교육공동체를 소개하는 한 단어
'정다운이웃'

마을교육공동체 활동을 시작하게 된 이유?
새로 이사 온 마을에서 소통할 수 있는 학부모 모임을 만들어 공동체 속에서 행복한 아이들을 함께 키우기 위해 시작하게 되었습니다.

우리 마을교육공동체가 운영하고 있는 활동과 앞으로 하고 싶은 활동은?
시작단계라 함께 할 회원들을 모으고, 마을교육공동체에 대한 이해를 높이는 것이 목표입니다. 회원들끼리 서로 알아가고 소통하고 있고, 마을교육공동체에 관심이 있는 학부모를 모으기 위해 그림책 강좌와 놀이연수를 진행하고 있습니다. 앞으로는 아이들과 함께 마을 알기도 하고 마을에서 놀 수 있는 곳을 찾아 놀이 한마당을 열고 싶습니다.

우리 마을교육공동체가 바라는 부산의 마을교육공동체 모습은?
마을과 학교와 관공서가 함께 유기적으로 협력해서 아이들이 행복한 부산, 아이들이 계속 살고 싶은 부산을 만드는 역할을 하는 마을교육공동체가 되었으면 해요

동래구 7 # 토닥동래마을교육공동체

2019년 아이들의 마을살이를 고민해 오던 학부모, 문화예술인들이 모여 마을교육공동체 활동을 시작하였습니다. 마을의 돌봄과 교육적 기능을 살려 즐거운 마을살이를 통해 아동청소년이 마을에서 전인적 성장을 할 수 있고, 지역사회의 주체가 될 수 있는 활동을 하고 있습니다. 지역사회가 같이 관심을 갖고 참여하도록 마을 활동을 통해 그들의 역할을 알리고 있습니다.

우리 마을교육공동체를 소개하는 한 단어
'자치'
아이들과 학부모들이 마을에서 주도적으로 활동을 기획하고 실행하는 과정을 통해 자기 삶의 주체가 되는 민주시민으로 성장해 나가는데 목적을 두고 있기 때문입니다.

마을교육공동체 활동을 시작하게 된 이유?
공교육 내에서 공정하지 못한 환경에 놓인 아이들을 보고 고민을 하다가 이사를 통해 단순히 환경을 바꾸기보다는 마을안에서 적합한 환경을 조성하고 다양한 경험을 통해 주체적인 삶을 살아갈 수 있도록 돕고 싶어 시작하게 되었습니다.

우리 마을교육공동체가 운영하고 있는 활동과 앞으로 하고 싶은 활동은?
마을 생태 돌보기, 마을 기자단, 학부모 교육지원단 등 마을을 돌보고 누비며 자신의 존재감을 드러내는 활동을 하고 있습니다. 자기가 살고 있는 마을의 주인이 되어보는 이런 활동들을 통해 아동청소년은 자기 삶의 자치를, 마을은 그들을 후원하는 인적·물적자원이 되는 지역교육생태계로 성장하고 싶습니다.

우리 마을교육공동체가 바라는 부산의 마을교육공동체 모습은?
정치와 정책에 따라 아이들의 교육과 삶의 환경이 흔들리지 않았으면 합니다. 학교 밖 마을도 아이들에게 안정된 배움과 휴식처가 될 수 있도록 좋은 정책을 지속가능하게 만들어 주셨으면 합니다.

대꿈더하기나눔

2018년에 학부모, 학교 선생님, 기관에서 모여서 시작되었고 2019년에 밭개마을교육공동체라는 이름으로 사업비를 받으면서 실질적인 활동을 시작했습니다. 첫해부터 진행해 온 마을나들이 양성과정을 거쳐 마을나들이 교사를 배출해 초등학교 2학년 교과과정으로 '마을나들이'를 하고 있으며, 동네 사람들과 함께하는 황령산 숲새걷기를 매년 진행하고 있습니다. 2021년부터 마을을 사진으로 기록하고 마을 문화를 만들고자 마을축제를 해오고 있습니다.

우리 마을교육공동체를 소개하는 한 단어
'감동'
어느 분이 그러셨어요. 밭개는 뭔지 모르겠지만 와서 보면 감동이 있다고. 그런 것 같습니다. 엄청나게 에너지가 있거나 북적거리지 않은데 활동을 하거나 할 때 보면 정말 조용히 와서 하시는 분들이 많거든요. 잔잔하기는 하지만 각자 자기 자리를 잘 지키고 있고 일이 있을 때는 그 누구보다 열심히 같이 해내고 있어요.

마을교육공동체 활동을 시작하게 된 이유?
전포초가 다행복학교입니다. 전포초에서 학부모활동을 했을 때 저는 학교에 계신 모든 분들에게 환대를 받았습니다. 정말 많은 사랑을 받았습니다. 그러면서 학교라는 공간이 좋아졌고 그 공간에 있는 사람들이 좋아졌어요. 그리고 전포동이 살고 싶은 동네가 되었죠. 우리 동네 아이들도 동네에서 환대받는 아이들로 키우고 싶었습니다.

우리 마을교육공동체가 운영하고 있는 활동과 앞으로 하고 싶은 활동은?
학교 교육과정과 함께하고 마을을 알리는 작업을 계속하기 위해 마을 나들이 교사양성과 전포동이 현재 재개발로 급격하게 변해가고 있는 동네라 사진으로 동네 기록을 계속하고 있습니다. 전포초가 개축을 하기 때문에 같이 기록하고 있구요. 우리가 사는 동네를 잘 알고 안전하고 깨끗하며 함께 사는 동네를 만들기 위해 지속적인 활동을 하고 있습니다. 앞으로는 마을 주민들이 상시적으로 이용할 수 있는 공간을 마련하여 모든 세대들이 같이 할 수 있는 동아리나 모임 등을 운영해보고 싶어요.

우리 마을교육공동체가 바라는 부산의 마을교육공동체 모습은?
현장에서 활동하는 사람들, 현장의 목소리를 잘 들어주면 좋겠습니다. 그것이 실질적으로 반영되었으면 하구요. 활동가들이 활동할 수 있는 환경을 만들어주면 좋겠어요.

부산진구 2

가치이음마을교육공동체

2021년 다행복학교의 학부모 두 명이 먼저 의기투합해서 마을과 학교, 마을과 사람이 연결되면 좋겠다는 희망으로 시작하였고, 뜻을 같이하는 학부모와 지역주민들이 함께 만들었습니다. 자체적인 역량강화를 시작으로 가치 있는 활동들을 이어나가고 있습니다.

우리 마을교육공동체를 소개하는 한 단어
'가치이음'
같이하는 가치 있는 이음

마을교육공동체 활동을 시작하게 된 이유?
아이가 다니는 학교가 다행복학교가 된 이후로 다행복학교에 대해 알고 싶어서 시작하게 되었고 그 연결고리가 마을교육공동체까지 올 수 있었습니다.

우리 마을교육공동체가 운영하고 있는 활동과 앞으로 하고 싶은 활동은?
학교-마을 협업 사업으로 학교 동아리 텃밭 활동을 시작했으며, 마을을 알고 싶어 마을의 이야기를 찾아 듣고 걸어보며 마을길에 대한 활동을 나누고, 역량강화로 아이들과 함께 할 나들이 길에서 필요할 것 같아 응급처치 이수 교육도 하였습니다. 학생프로그램으로 수어배우기와 정기적인 놀이 활동, 마을축제를 계획하고 있습니다.

우리 마을교육공동체가 바라는 부산의 마을교육공동체 모습은?
좀 더 자유롭고, 좀 더 다양하고, 좀 더 가까운 마을교육공동체였으면 좋겠습니다.

꿈모락마을 부산진구 3

2021년에 설립된 꿈모락마을교육공동체는 아이들의 꿈이 모락모락 피어오르고, 아이들과 공동체가 함께 모여 즐거움을 키워갈 수 있게 되길 기대합니다. 초등학생을 대상으로 창의적으로 쉬고, 놀고, 배우며 돌봄을 받을 수 있는 프로그램을 제공합니다.

우리 마을교육공동체를 소개하는 한 단어
'사랑 나눔'
아이들이 행복하게 성장하기를 함께 꿈꾸는 교육공동체입니다. 지역사회에 속한 아이들의 행복한 교육을 위해 공동체 구성원들 각자의 재능을 지역사회로 환원하여 사랑 나눔을 실천하고 있습니다.

마을교육공동체 활동을 시작하게 된 이유?
학교 및 지역아동센터에서 지원하지 못하는 돌봄 시간의 사각지대라 할 수 있는 주말 돌봄으로 시작되었습니다. 2021년에 맞벌이 또는 한부모 가정의 초등학생 15명을 대상으로 토요일 오전 10시부터 오후 4시까지 종일 프로그램을 진행했습니다. 미디어 매체에 노출이 많은 주말 시간에 열린 학습 공간을 제공하고 다양한 프로그램을 통한 돌봄으로 마을 내 아이들의 정서적·신체적 건강 증진을 돕고자 합니다. 뿐만 아니라 협력·지원·연대하는 마을교육공동체 일원으로 지역사회 발전에 기여할 수 있길 기대해 봅니다.

우리 마을교육공동체가 운영하고 있는 활동과 앞으로 하고 싶은 활동은?
꿈모락마을은 주말 돌봄 중심의 토요학교를 운영합니다. 쾌적하고 효율적인 교육환경에서 아이들이 행복하게 성장하기를 바라며 봉사하는 선생님들이 함께 합니다. 그리고 아이들의 지덕체 중심의 전인적인 발달을 돕는 교육 프로그램을 제공합니다. 지(智)육 중심의 학년별 그룹 학습 지도, 적극적 학습지원을 위한 개인 심리검사, 박물관·과학관·등산 등 현장체험을 계획하고 있습니다. 덕(德)육 중심의 비누 및 목공 공예체험, 부모-자녀가 함께하는 원예·미술 상담프로그램 등을 준비하고 있습니다. 체(體)육 중심의 배드민턴·탁구 등 생활 체육 교실, 종이비행기 국가대표와 함께 하는 이색 스포츠 체험, 가족 체육대회 등을 실시할 예정입니다.

부산진구 4   백양마을사람들

2012년 '백양마을모임'이라는 이름으로 당감동, 부암동 지역의 단체가 연대하여, 남녀노소 구분 없이 더불어 사는 마을공동체를 꿈꾸며 시작하였습니다. 전 세대를 아우를 수 있는 활동을 고민하며 단오굿·마을장터·마을교육·청소년한마당 등 다양한 마을활동을 해오고 있습니다.

우리 마을교육공동체를 소개하는 한 단어
'세대소통 축제로'

마을교육공동체 활동을 시작하게 된 이유?
마을의 아이들이 마을학교를 중심으로 마을의 어른들과 관계를 맺으며 자발적이며 자기주도적인 인간으로 성장하고, 마을교육의 가치를 확대하기 위해서 시작하였습니다.

우리 마을교육공동체가 운영하고 있는 활동과 앞으로 하고 싶은 활동은?
지속가능한 미래, 지속가능한 마을을 만들기 위해 교육, 환경, 일상적 축제를 주제로 활동과 실천을 통해 아이들과 어른이 함께 성장하고 지속적으로 교류하고자 합니다.

우리 마을교육공동체가 바라는 부산의 마을교육공동체 모습은?
어른, 아이, 청소년이 행복한 마을, 차별이 없고 인권이 존중되는 마을, 마을에서 살림과 돌봄을 이어가고 다양한 세대들이 품을 내어 서로 살기 좋은 마을을 만드는데 마을교육공동체가 주요한 역할을 하면 좋겠습니다.

*함께하는 단체 : 부산진아이쿱생협, 캥마쿵쿵 공동육아어린이집, 산아래 마을학교, 당감주공1,2단지 책모임 책보다귀한우리, 공공사립도서관 동화랑놀자, 문화공간백양산, 성지문화원, 동원초등학교 씨앗동아리, 동원초등학교 책읽어주는 엄마모임, 동양중학교 학부모 씨앗동아리

범곡마을교육공동체 부산진구 5

2020년 다행복학교 학부모 동아리를 배경으로 구성되었습니다. 자체활동으로 자원순환을 기반으로 리싸이클링, 업사이클링(청바지 리폼, 리싸이클링 ART 활동을 하고 있으며, 부산시교육청 지원사업으로는 마을의 인적자원 개발 및 활용으로 살고 있는 지역에서 양질의 교육을 제공하고 있습니다.

우리 마을교육공동체를 소개하는 한 단어
'즐겁다'
항상 만나면 즐겁고 대화가 끊기지 않아요.

마을교육공동체 활동을 시작하게 된 이유?
우리 아이들을 함께 잘 키우기 위해 시작하게 되었습니다.

우리 마을교육공동체가 운영하고 있는 활동과 앞으로 하고 싶은 활동은?
인적자원을 발굴하여 마을의 어른과 아이들이 관계를 맺으며 성장하길 원하며, 앞으로도 더 많은 인적 자원을 공유해 아이들이 다양한 체험과 활동을 하며 성장 할 수 있게 되길 바랍니다.

우리 마을교육공동체가 바라는 부산의 마을교육공동체 모습은?
정권이 바뀌고 정책이 바뀌어도 스스로 하고 싶은 활동을 할 수 있게 기반을 마련하고 이끌어 주었으면 합니다.

부산진구 6 성지마을교육공동체

지역에서 공동체와 교육에 관심이 많은 학부모와 예술인들이 모여 2021년 3월에 창립하였으며 아이들의 놀이터이자 배움터가 되는 건강하고 행복한 마을 만들기를 위해 노력하고 있습니다.

우리 마을교육공동체를 소개하는 한 단어
'종합예술인'
음악, 미술, 연극 등 많은 재능을 가진 사람들이 참여하고 있어요.

마을교육공동체 활동을 시작하게 된 이유?
마을교육공동체의 궁극적인 목표인 마을에서 인재를 길러 다시 마을에 머물게 하기 위해 작은 힘이나마 보태고 무엇보다 마을에서 아이들과 재미나게 살고 싶어 시작하게 되었습니다.

우리 마을교육공동체가 운영하고 있는 활동과 앞으로 하고 싶은 활동은?
기후위기 시대에 환경교육을 우선적으로 하며, 생활에서 다양한 예술적 경험들을 쉽게 접할 수 있게 프로그램을 구성하여 향후 마을극단 등 주민들이 예술의 주체가 되는 사업들로 발전시키려고 합니다.

우리 마을교육공동체가 바라는 부산의 마을교육공동체 모습은?
창립 목적처럼 마을이 놀이터이자 배움터가 되어 아이들이 마을 안에서 웃고 즐기며 행복하고 건강하게 자라 다시 그 인재들이 마을 안에서 일하며 다음 세대를 위해 또 다른 활동들을 이어 가는 상상을 해봅니다.

양정꿈오름　부산진구 7

2015년 양정초 학부모 모임에서 시작되어 2020년 양정동 마을나들이코스 개발팀을 거쳐 2021년 마을교육공동체로 결성되었습니다. 마을의 다양한 자원을 교육과 연계하면서 삶의 터전이 배움터가 될 수 있도록 힘을 보태고자 합니다.

우리 마을교육공동체를 소개하는 한 단어
'천학비재'
아직은 마을도 교육도 공동체도 어렵습니다. 마을교육공동체 지원사업 2년차로 이제 겨우 마을의 가치를 알아가고 있고, 어떻게 삶과 배움을 연결시키면 좋을지 고민하며 성장하고 있습니다.

마을교육공동체 활동을 시작하게 된 이유?
2020년 마을나들이코스개발팀으로 활동을 하면서 단순히 내가 사는 동네, 내가 아는 길이 아닌 마을을 보게 되었습니다. 주민센터 앞에서 시원한 그늘을 만들어 주는 커다란 나무 한 그루까지 소중하게 여겨졌습니다. 길을 가다 반가운 얼굴을 만나면 그 나무 그늘 아래로 몇 발짝 옮겨 인사하고 이야기를 나눕니다. 마을 어귀 느티나무 아래에서 사람들이 오손도손 이야기를 나누고 간식을 나눠 먹는 모습은 시골의 마을에서만이 아니라, 바쁜 도시의 마을 속에도 정겨운 모습들이 곳곳에 남아 있었습니다. 내가 본 마을을 우리 아이들도 보았으면 하는 마음으로 마을교육공동체 활동을 시작하게 되었습니다.

우리 마을교육공동체가 운영하고 있는 활동과 앞으로 하고 싶은 활동은?
작년에 이어 올해도 청소년힙합공연(2기를 계획하고 있습니다. 이러한 소소한 활동들을 모아 청소년마을축제도 해보려고 합니다. 양정동에는 3개의 초등학교가 있습니다. 양정초는 저희 양정꿈오름과 함께 마을나들이를 진행하고 있지만, 양성초와 양동초는 아직 마을나들이 코스가 준비되어 있지 않습니다. 양성초 인근에 올해 시작한 행복두레박(마을교육공동체과 양동초 학부모들이 마을나들이코스 개발을 계획하고 있습니다. 적극적으로 도움을 주고, 함께 마을지도제작까지 할 계획입니다. 마을을 새로운 눈으로 바라볼 기회를 제공하는 마을나들이 수업이야말로 지역에 애착을 갖게 하는 중요한 활동이라 생각하기 때문입니다.

우리 마을교육공동체가 바라는 부산의 마을교육공동체 모습은?
조금 느린 친구도 살피고 배려해서 함께 손잡고 가는 따뜻함이 있는 마을을 만들어 갔으면 합니다.

부산진구 8 # 청정마을에코라움

에코라움은 기후변화에 관심을 가지고 있는 마을주민이 모여 삶의 터전인 마을이 친환경(eco,공간(raum 으로 변화되기를 바라며 2020년에 설립되었습니다. 40~60대에 이르는 마을 주민들이 기후 위기에 대응 하고 탄소중립 실천을 목표로 활동하고 있습니다.

우리 마을교육공동체를 소개하는 한 단어

'함께'

마을과 교육, 무엇보다도 공동체는 '함께'일 때에 가치 있다고 생각합니다.

마을교육공동체 활동을 시작하게 된 이유?

에너지 절약 실천, 기후 위기 대응에 관련한 활동이 중심 되었던 에코라움이 마을교육공동체가 되기를 선언한 것은 기후위기 시대를 살아가야 할 미래세대인 아이들에 대한 어른 됨의 책임의식으로 인함입니다. 기후위기 를 떠안겨놓은 무책임한 전세대가 아니라 아이들이 건강하게 성장하고, 기후위기의 문제가 인간 생존의 문제 가 되는 시기를 조금이라도 늦추기 위해 함께 고민하고 노력하는 마을공동체가 있다는 것을 알려주고 싶었습 니다.

우리 마을교육공동체가 운영하고 있는 활동과 앞으로 하고 싶은 활동은?

우리 공동체는 마을교육에 대한 이해와 마을교육활동가로서의 역량을 높이기 위한 역량강화 사업과 아이들 이 마을에 애정을 가질 수 있도록 화단 가꾸기 프로그램을 운영합니다. 또한 관계 안에서 성장하는 아이들이 내면의 자신을 알고(미술심리, 또래와 친밀해지며(놀이마당, 양육과 교육으로 아이들 성장에 큰 영향을 주는 보호자와 선생님께 감사를 표현하는(5월 가정의 달 프로그램 등을 운영하고 있습니다.

우리 마을교육공동체가 바라는 부산의 마을교육공동체 모습은?

가정과 학교 사이에 마을이 있고, 이 마을은 크게 가정과 학교를 품고 있습니다. 단순하게 등하교 길이 있는마 을, 방과후 학교 사교육으로만 자라는 아이들이 아닌 가정과 학교를 오고 가는 사이에 배움이 일어나고, 온 마 을이 함께 자발적인 돌봄이 일어나서 온정이 있고 활기찬 마을의 중심에 마을교육 공동체가 있기를 바랍니다.

동네방네마을교육공동체

부산진구 9

2022년 마을교육공동체 지원 사업에 선정이 되어 놀이, 마을진로 탐방 중심으로 연지동 학부모, 주민들이 함께하고 있습니다. 우리 마을교육공동체가 마을의 중심이 되어 좋은 관계를 만드는 역할을 해나갈 계획입니다.

우리 마을교육공동체를 소개하는 한 단어
'관계'
마을의 아이들을 연결하고 세대도 넘나들도록 관계 중심에 집중합니다.

마을교육공동체 활동을 시작하게 된 이유?
2021년 부산진구 다행복교육지구의 '찾아가는 학부모교실'을 통해 마을 나들이 코스개발 활동을 시작하였습니다.

우리 마을교육공동체가 운영하고 있는 활동과 앞으로 하고 싶은 활동은?
'방과후 틈새 놀이터'라는 학교 운동장에서 마을의 놀이이모들, 친구들과의 공동체놀이를 하는 프로그램, '마을진로 탐방' 이라는 우리 마을의 자원을 발굴하여 아이들의 꿈과 끼를 찾아보는 프로그램을 운영하고 있습니다.

우리 마을교육공동체가 바라는 부산의 마을교육공동체 모습은?
우리 마을만이 아닌 옆 마을 옆옆 마을이 연결이 잘 되어 많은 것을 공유 할 수 있도록 지원 해주길 바랍니다.

부산진구 10 # 큰돌마을교육공동체

2018년 가평초 학부모회가 중심이 된 마을의 작은도서관 만들기를 시작으로 큰돌마을교육공동체가 탄생되었어요. 활동가, 동아리원이 있고 초등학생들의 마을 뒷산 생태 체험인 '엄광산 풀꽃학교'와 엄마들의 그림책 동아리 '그림책으로 보는 세상', 바느질 동아리, 청소년 환경동아리가 활동 중입니다.

우리 마을교육공동체를 소개하는 한 단어
'유일한'
마을교육공동체는 살아있는 유기체처럼 시시각각 다르게 변화합니다. 지금 이 순간만이 유일하게 현재 구성원들로서의 활동입니다. 시간이 지나면서 또 다른 유일한 큰돌마을교육공동체가 되어 있겠지요. 그래서 세상에 하나밖에 없는 귀한 존재를 뜻하는 의미에서 '유일한'으로 소개하고 싶어요.

마을교육공동체 활동을 시작하게 된 이유?
교육의 주체로서 아이들이 주인으로 설 수 있게 하기 위해 시작하게 되었습니다.

행복두레박(동아리)

양성초 학부모로 만나 천아트를 배우며 자연스레 만들어진 동아리모임입니다. 이제는 동아리모임에서 조금 더 나아가 미술을 접목한 활동을 통해 마을 아이들과 어른들이 건강하게 소통하는 마을교육공동체를 만들고자 합니다.

우리 마을교육공동체를 소개하는 한 단어
'행복두레박'
두레박에 담긴 행복을 건져올려서 마을과 함께 나누고 싶습니다.

마을교육공동체 활동을 시작하게 된 이유?
학부모들의 모임에서 끝나는 것이 아니라 마을의 일을 함께 하면서 우리들 스스로 해결하고 의논하는 단체를 만들고 싶었습니다.

우리 마을교육공동체가 운영하고 있는 활동과 앞으로 하고 싶은 활동은?
마을 아이들과 우리가 살고 있는 마을을 알아가고 마을 어른들과 소통이 잘되는 건강한 마을이 되었으면 좋겠습니다. 그래서 미술을 통해 마을을 꾸미고 마을지도를 만들어보며 구석구석 아이들과 같이 마을을 기록하는 활동을 해보고 싶습니다.

우리 마을교육공동체가 바라는 부산의 마을교육공동체 모습은?
신입공동체로서 미숙하고 부족하지만 먼저 달려오신 선배공동체에서 보듬어 주시고 가르쳐주시면 잘 따라가겠습니다. 공감과 소통을 통해 같이 성장해 나가는 부산마을교육공동체가 되었으면 합니다.

북구 1

(사)대천천네트워크

2004년 6월 대천천네트워크를 창립한 이래 비영리민간단체, 사단법인 등록을 거쳐 2013년 환경부장관 상 수상을 하였습니다. 2021년 부산북구환경교육센터 지정 대천천유역의 지역주민 및 제 단체와 네트워크를 형성하여 아름다운 대천천의 환경을 보존하고, 환경과 인간이 함께하는 아름답고 살기 좋은 마을을 만들며, 대천천 유역의 역사와 문화를 복원하여 지역공동체 활성화에 기여하고자 합니다.

우리 마을교육공동체를 소개하는 한 단어
'대천천'
대천천은 은어가 살아 돌아오는 도심하천의 전국적인 모범사례이기도 합니다. 대천천을 활용한 생태환경교육 활성화에 집중합니다.

마을교육공동체 활동을 시작하게 된 이유?
대천마을의 교육공동체 활성화를 위한 소통과 연대 활동에 동참하고자 시작하게 되었습니다.

우리 마을교육공동체가 운영하고 있는 활동과 앞으로 하고 싶은 활동은?
생태환경을 보존하고 행복하고 살기 좋은 마을 만들기 위한 활동을 합니다.

우리 마을교육공동체가 바라는 부산의 마을교육공동체 모습은?
생태와 환경이 어우러지는 지속가능한 마을교육공동체였으면 합니다.

대천마을학교

마을을 교육의 주체로 세우는 마을교육공동체이고자 합니다. 아이들 스스로 제 앞가림을 하고 더불어 살아가는 힘을 익히는 배움터이고자 합니다. 평생교육문화공동체를 만들어가는 비영리민간단체입니다. 2008년 2월에 설립하였고 마을사람들 130여명의 후원으로 운영되고 있습니다. 어린이, 청소년, 어른들이 참여하는 다양한 교육문화활동을 통해 서로 가르치고 함께 배우며 어울리는 마을사랑방입니다.

우리 마을교육공동체를 소개하는 한 단어
'마을사랑방, 그물코'
대천마을학교는 마을이 품고 있는 풍부한 교육의 곳간을 살피고 마을자원들을 그물코처럼 이어 나감으로써 온 마을이 학교인 마을교육공동체를 만드는 일을 꿈꿉니다.

마을교육공동체 활동을 시작하게 된 이유?
대천마을학교는 2008년 설립 당시부터 마을교육공동체를 표방하며 활동해왔고 부산시교육청 마을교육공동체 지원사업에 선정되어 지역과 인근 학교와 연계된 활동 및 관련 활동을 적극적으로 해 나가고 있습니다.

우리 마을교육공동체가 운영하고 있는 활동과 앞으로 하고 싶은 활동은?
'대천마을미션나들이'라는 아이들 스스로 마을의 이야기가 깃든 장소를 찾아가며 마을과 관계를 맺는 즐거운 나들이 활동을 합니다. 이후 마을나들이 활동을 확대해 나갈 예정입니다.

우리 마을교육공동체가 바라는 부산의 마을교육공동체 모습은?
마을교육공동체 지원사업이 각 마을공동체의 지속성을 담보하고 자체 활성화에도 기여할 수 있기를 바랍니다.

북구 3

만덕고등학교사회적협동조합

2016년 7월 18일 창립총회를 시작으로 부산1호 학교협동조합으로 출발했어요. 학생들을 위한 건강한 매점을 만드는 목적으로 학생, 교직원, 학부모, 지역주민이 공동으로 출자해서 운영하며 공익사업을 하는 사회적협동조합입니다.

우리 마을교육공동체를 소개하는 한 단어
'협동'
서로 마음과 힘을 하나로 합한다는 뜻입니다.

마을교육공동체 활동을 시작하게 된 이유?
처음 학교협동조합을 만들 때부터 단순 간식을 소비하는 매점이 아니라 함께 배우고 성장하는 마을교육공동체로서의 역할을 계획했어요. 처음부터 학교와 마을을 연결하는 것이 목표였습니다.

우리 마을교육공동체가 운영하고 있는 활동과 앞으로 하고 싶은 활동은?
5년 동안 '학교가 마을로, 마을이 학교로'의 슬로건으로 잘 운영하고 있으며 지속적인 활동을 이어 가고 있어요. 학생들도 마을 속에서 성장할 수 있게 봉사, 기부 등 좋은 일들을 하며 지속적으로 학교와 마을 이음을 할 겁니다.

우리 마을교육공동체가 바라는 부산의 마을교육공동체 모습은?
학교협동조합도 마을교육공동체로의 충분한 역할을 하고 있으며 많은 학교에서 관심을 가지고 연대하여 부산 교육 발전을 위해 함께하였으면 합니다.

북적북적협동조합 북구 4

2015년 가을 무렵, 책방을 하고 싶다는 누군가(현 이사장님)의 꿈에 살을 붙이고, 숨을 불어넣어 일을 키웠고, 처음엔 6가구 12명 조합원으로 시작해서 지금은 40명의 조합원이 함께 하고 있으며, 6명의 운영위원들이 열심히 책방을 꾸려 나가고 있습니다. 한 번의 이사로 외부적으로 확장하고, 책과 관련한 다양한 사업들도 해 나가며, 새로운 조합원들이 참여할 수 있는 건강한 토대를 마련하였습니다. 북적북적은 책모임, 인문학 강연, 사람책, 북적북적공작소 활동, 독서 기행, 공간 대여, 마을 책 축제 참가 등의 활동 외에도 항상 누구에게나 열린 공간이 되기를 희망합니다.

우리 마을교육공동체를 소개하는 한 단어
'북적북적'

책, 사람, 북적북적. 책을 중심에 두고 사람과 사람을 잇는 마을의 소중한 공간이 되기를 바라며, 책방에 책도 사람도 북적북적하면 참 좋겠다는 뜻입니다. 마을 책방과 사랑방의 역할을 잘 해 나가고 싶습니다.

마을교육공동체 활동을 시작하게 된 이유?

북적북적의 부제가 '누군가의 시작'입니다. 책방을 하고 싶었던 누군가의 꿈을 응원하며 그 꿈에 동참한 것이 북적북적의 시작입니다. 책방으로 시작한 북적이들이 앞으로 마을 곳곳에서 다양한 활동을 펼쳐 나가기를 기대합니다. 그중에 영화를 좋아하던 꿈을 마을 영화관으로 펼친 북적이도 있습니다.

우리 마을교육공동체가 운영하고 있는 활동과 앞으로 하고 싶은 활동은?

마을에 책방이 있어서 마을사람들에게 쉼과 삶의 의미를 돌아보게 하는 역할을 하면 좋겠다는 바램으로 책모임 지원, 사람책, 인문학 강연, 책기행, 영상 만들기 체험, 청소년 진로 탐색 프로그램, 책 읽는 부모 모임 지원, 마을 책 축제 참여 등등 다양한 활동을 하고 있습니다.

우리 마을교육공동체가 바라는 부산의 마을교육공동체 모습은?

대천 마을의 여러 단체들이 제각각 자기들의 활동을 다양하고 활기차게 펼쳐 가듯이, 부산의 다른 마을교육공동체들도 저마다의 개성이 넘치는 활동들을 해나감으로써 부산이라는 도시 전체에 그 기운이 퍼져 행복한 도시, 부산이 되었으면 좋겠습니다. 사업에 매몰되지 말고 구성원들이 재미있게 참여할 수 있도록 가벼운 마음으로 함께 해 나가기를 바랍니다.

북구 5

한울타리공동체

2015년 3월에 만덕종합사회복지관에서 주민들에게 가족농장으로 옥상 텃밭을 분양하면서 모이게 되었습니다. 처음에는 각각 개인적으로 농사만 지었으나 점점 농작물 수확이 늘어나면서 나눔 활동 및 여러 재능기부 활동을 같이 해오고 있습니다.

우리 마을교육공동체를 소개하는 한 단어
'가족'
저희 공동체는 회원들과 소통할 때도 가족이라고 합니다. 부모-자녀가 다같이 회원으로 활동하고 있으며 조손 회원들도 많습니다. 공동체로 인하여 모였지만 어쩔 때는 가족보다 더 자주 얼굴을 볼 때도 있으니까요 서로 오랜만에 만나도 전혀 어색함이 없는 한울타리는 진정한 가족입니다.

마을교육공동체 활동을 시작하게 된 이유?
첫째 아들이 아토피가 심해서 채소류는 직접 농사를 지어서 먹어야 했기에 주변에서 가족농장이나 텃밭 활동이 가능한 곳을 알아보다가 텃밭 가꾸기를 시작 했습니다. 덕분에 아들의 아토피 증상도 많이 호전되고 내가 받은 도움을 다른 사람에게도 나눠주고, 도시농업이 주는 즐거움도 알리고 싶어서 더욱 열심히 활동하고 있습니다.

우리 마을교육공동체가 운영하고 있는 활동과 앞으로 하고 싶은 활동은?
한울타리공동체는 옥상 및 베란다를 이용한 도시농업 활동을 하고 있습니다. 수확한 농작물 판매 수익금은 전액 기부를 하고 있고, 주변에 있는 돌봄가정에 전달하고 있습니다. 앞으로 한울타리는 기존 재배방식 뿐만 아니라 스마트팜 시스템에 대해서 더욱 열심히 배워보고자 노력하고 있습니다.

모라덕포마을교육공동체 사상구 1

모라덕포 지역의 학부모 및 마을활동가와 기관 관계자들로 구성되어, 초·중등 공예, 목공, 가족, 친환경, 생태 등 다양한 분야의 체험수업과 청소년 프로젝트 수업, 지역 축제 활동을 하고 있습니다.

우리 마을교육공동체를 소개하는 한 단어
'마을이 학교다'
마을과 마을안 학교들과 연계된 활동과 교육으로 아이들이 마을안에서 함께 자라고 즐겁게 성장하기를 바랍니다.

마을교육공동체 활동을 시작하게 된 이유?
사상구에서 아이를 키우며 교육에 대한 갈증과 사상지역의 교육에 관심을 가지다 만나게 된 것이 마을교육공동체였습니다. 학부모이자 마을 주민으로서 마을교육공동체 회원으로 활동하며 지금까지 오게 되었습니다.

우리 마을교육공동체가 운영하고 있는 활동과 앞으로 하고 싶은 활동은?
초·중등 공예. 목공. 가족. 친환경. 생태 등 다양한 분야의 체험수업과 청소년 프로젝트 수업 및 학교연계수업과 지역 축제등 활동을 하고 있으며, 앞으로 지역 아이들과 조금 더 다양한 프로젝트 수업과 마을과 마을이 연결될 수 있는 다양한 컨텐츠를 개발했으면 합니다.

사상구 2 사상성장맘스

2014년도에 육아에 관심있는 마을 엄마들이 만든 마을교육공동체인데요. 지금은 엄마, 아빠들까지 총 20명 정도 될 거에요. 마을 안의 아이들과 어르신 등 지역주민들과 다양한 활동을 통해 교육생태계를 조성해 가고 있어요.

우리 마을교육공동체를 소개하는 한 단어
'모두'
모두, 함께, 다같이, 더불어 성장하면서 커 나간다고 생각해요

마을교육공동체 활동을 시작하게 된 이유?
삭막한 도시 속에 있는 아이들에게 마을의 이웃사촌을 만들어주고 싶은 마음에서 활동을 시작하게 되었어요

우리 마을교육공동체가 운영하고 있는 활동과 앞으로 하고 싶은 활동은?
엄마표 품앗이와 더불어 지역주민 역량 강화, 엄궁 유수지에서 수질검사 및 환경 정화를 하는 청소년환경봉사단체도 만들어 활동하고 있어요. 지역주민들과 기후위기의식에 대한 인식을 고취시키고 작은 실천을 통하여 기후변화위기에 대응할 수 있는 활동들을 하고 싶어요.

우리 마을교육공동체가 바라는 부산의 마을교육공동체 모습은?
부산시 전체의 마을교육공동체들이 서로 협력하고 원활히 소통하여 다양한 체험과 교육 기회를 제공하고 다같이 마음도 나눌 수 있는 기회가 많았으면 좋겠어요.

샛강사람들

사상생활사박물관 주민공동체인 '샛강사람들'은 현재 사상구에 주소를 두고 사상구의 역사, 문화, 생태 분야에서 전문해설사로 활동 중인 분들을 중심으로 구성되어 있으며 전시해설사 양성과정 또는 박물관 대학을 1년 이상 수료하신 분들로 구성이 되어 있습니다.

우리 마을교육공동체를 소개하는 한 단어

'사상생활사박물관'
각자의 여러 가지 전문 분야에서 활동하면서도 박물관을 중심으로 모여 지역 사회에 도움이 되고자 만들어진 단체입니다.

마을교육공동체 활동을 시작하게 된 이유?

우리끼리만 행복한 단체가 아니라 마을을 위해, 우리의 미래인 아이들을 위해 무엇을 할 수 있을 것인지를 고민하다가 시작하게 되었습니다.

우리 마을교육공동체가 운영하고 있는 활동과 앞으로 하고 싶은 활동은?

우리 샛강사람들은 박물관에 관람오는 관람객들을 위해 전시해설을 하는 것을 기본으로 하고 있으며 코로나 이전에는 마을주민을 위해 재첩부침개, 팥죽 등 맛있는 음식을 만들어 나누어 먹기도 하고 함께 축제도 진행하면서 활발히 활동하였습니다. 앞으로도 마을주민들을 돌아보고 함께 할 수 있는 프로그램을 개발하기 위해 계속 노력하고 특히, 지역 학교와 연계하여 우리가 살고 싶은 즐거운 마을을 우리의 미래인 아이들과 함께 만들기 위한 사업도 동시에 진행할 계획입니다.

우리 마을교육공동체가 바라는 부산의 마을교육공동체 모습은?

소외되는 사람이 없이 모두가 행복한 마을을 만들기 위해 끊임없이 소통하고 화합하는 부산마을교육공동체가 되었으면 좋겠습니다.

사상구 4

주례쌈지마을교육공동체

2017년 마을도서관에 모인 주부들이 아이들이 마을의 자연·이웃과 더불어 잘 자랄 수 있도록 뜻을 모아 시작하였습니다. 주례3동을 중심으로 학부모, 마을교사, 교사 등 60여명이 회원으로 함께 하고 있으며, 마을 어른들이 청소년 대상으로 삼삼오오 마을배움터를 운영(숲체험, 공동체 놀이, 도자기 만들기 등하고 있고, 석양농장 자연 캠프, 아동 친화마을 만들기 원탁회의와 축제를 지속적으로 진행하고 있습니다.

우리 마을교육공동체를 소개하는 한 단어
'함께'
마을 아이들의 행복을 위해 30대~60대에 이르는 마을 어른들이 함께하고 있습니다.

마을교육공동체 활동을 시작하게 된 이유?
우리 마을 아이들이 마을에서 재미와 행복감, 자부심을 느껴 마을에 애착형성이 되었으면 좋겠다는 생각으로 참여하게 되었습니다.

우리 마을교육공동체가 운영하고 있는 활동과 앞으로 하고 싶은 활동은?
마을교사와 회원, 학부모들이 역량강화를 위해 다양한 교육을 받고 있으며, 아이들과 꾸준히 대면과 비대면을 반복해 가며 지속적인 관계를 유지하고 있습니다. 또한 공동체 공간 마련을 위한 방법도 모색하고 있습니다.

우리 마을교육공동체가 바라는 부산의 마을교육공동체 모습은?
어떤 틀에 박힌 형식적인 공동체가 아니라 실제 현실에 맞는 고민과 방향성을 찾아보고 토론하며 참여하는 교육 공동체가 되었으면 합니다.

고니마을교육공동체 사하구 1

2018년 하남초등학교의 학부모들이 모여 학교 실과, 환경수업에 재능기부를 하면서 시작된 모임입니다. 학교와 연계해서 바느질수업, EM 흙공만들기 수업을 하고, 지역주민과 청소년들과 함께 천연섬유인 강화소창으로 손수건, 행주를 만들어 기후변화에 대응하는 작은 실천을 하고 있는 단체입니다.

우리 마을교육공동체를 소개하는 한 단어
'마실'
어릴 적 골목길에 약속도 없이, 누가 부르지 않아도 때가 되면 그 장소에 설레는 마음으로 놀러 나갔던 기억이 지금도 선명합니다. 골목길이 느슨한 연결고리가 되어 편하게 마실 나오듯이 함께 모여 "즐겁게 논다" 고 생각하며 함께 공동체를 이루어 나가면 좋겠습니다.

마을교육공동체 활동을 시작하게 된 이유?
부산의 끝자락에 있는 마을이어서 문화적으로 할 수 있는 것이 너무 없었습니다. 몇 명의 학부모들과 어린이 경제장터를 했을 때 많은 주민들이 참여와 기부를 해 주었고, 코로나19로 마스크가 부족할 당시 10여명의 학부모들이 일주일동안 밤늦게까지 장소도 없이 여기저기 다니면서 마스크를 만들어 기부를 했습니다. 기부의 기쁨과 뿌듯함은 그 어디서도 느낄 수 없던 것이었고, 이러한 것이 바로 공동체이지 않을까 하는 마음들이 모여 시작하게 되었습니다.

우리 마을교육공동체가 운영하고 있는 활동과 앞으로 하고 싶은 활동은?
아주 작은 공간이라도 공간이 가지는 의미와 역할은 엄청 크다는 사실을 알게 되었습니다. 경력이 단절된 주민, 바느질을 잘하는 학부모들의 재능이 마을교사 활동으로 이어지도록 응원하고 싶습니다. 또한 더 많은 이들이 교육을 통해 더불어 함께하는 마을교육공동체가 되었으면 합니다.

우리 마을교육공동체가 바라는 부산의 마을교육공동체 모습은?
부산전체에 빠른 속도로 마을교육공동체가 많이 만들어지고 발전하는 것 같아 기쁩니다. '학교, 마을, 교사, 학생이 함께 만들어 가고 건강하고 행복한 마을을 만든다' 라는 공동체적 생각을 항상 잊지 말고 힘들지만 함께하는 사람들의 든든한 믿음으로 해나갔으면 합니다.

사하구 2   넘나들마을교육공동체

아이들이 학교를 넘어 마을의 자연, 문화, 사회, 삶 속에서 배움을 실천할 수 있는 교육 기회를 가졌으면 하는 마음으로 사하구에서 강사로 활동하고 있는 학부모들이 모여 2021년 1월 결성되었습니다. 마을과 학교의 벽을 넘나들며 자연의 생태적 가치, 마을의 현장직업진로 지원을 통해 직업에 대하여 배우는 경험을 제공합니다.

우리 마을교육공동체를 소개하는 한 단어
'자연'
다대동 자연은 우리 마을만이 가지고 있는 현장체험 장소이자 그 속에서 배움이 이루어지기 때문입니다.

마을교육공동체 활동을 시작하게 된 이유?
평소에 관심을 가지고 마을 활동에 참여를 하였다가 우리 마을과 아이들을 위해 마을교육공동체를 만들어 활동을 시작하였습니다.

우리 마을교육공동체가 운영하고 있는 활동과 앞으로 하고 싶은 활동은?
우리 고장 인물 그림책 만들기. 유기견센터 봉사, 마을 어르신 선생님, 그 외 자연과 함께 숲놀이, 우리고장 알기 캠페인 등을 진행해왔습니다. 앞으로는 다대포 앞바다 섬 탐방과 홍티아트센터의 작가들과 함께 프로그램을 진행하고 싶습니다.

우리 마을교육공동체가 바라는 부산의 마을교육공동체 모습은?
정말 훌륭한 분들이 많이 활동하고 계신 것 같아요. 저는 아직 부족한 부분이 많아 배우기에 바쁩니다. 마을교육공동체에서 항상 솔선수범하시는 모습이 존경스럽고 늘 도움이 되지 못하는 것 같아 죄송합니다.

하나우리 사하구 3

2012년부터 책을 읽는 어른들과 청소년들이 모여 독서캠페인 봉사를 시작했어요. 작은 도서관 알리기, 사하 문학가 알리기, 시 짓기 축제, 가족 골든벨 개최 등 해마다 주제를 선정해 활동하며 전국자원봉사대 축제에서 수상도 했어요. 2020년 비영리단체를 설립해 지금은 부모강좌, 문화 캠페인 등을 하고 있고, 앞으로 문해력 향상 운동도 진행하여 학생, 학부모, 지역공동체와 함께 성장하려고 합니다.

우리 마을교육공동체를 소개하는 한 단어
'이상'
'이상'하다. 함께 10년 봉사를 한 보통 '이상'의 사람들이 이제 봉사 '이상'의 일을 도모하고 이 일로 우리의 '이상'을 실현할거니까요.

마을교육공동체 활동을 시작하게 된 이유?
2012년부터 독서캠페인을 시작했어요. 책에서 읽은 내용을 현실에서 실천하는 게 중요하다고 생각해서 아이들과 함께 거리로 나섰어요. 아이들은 도서바자회를 하며 나눔을 경험하고, 더 어린 동생들을 위해 책을 읽어주는 청소년으로, 후배들을 위한 멘토로 자랐어요. 이렇게 '하나우리'는 이미 마을교육공동체가 되었어요. 최근 문해력이 낮아진다는 뉴스를 보며 책 읽는 어른들이 할 수 있는 일이 없을까 고민하던 중 사하구의 자연환경을 알리는 안내문을 쉽게 풀어주는 교재를 만들어 지역에 나누기로 2022년도 목표를 설정했어요. 이때 부산시교육청에 마을교육공동체 지원사업이 있다는 것을 알게 되어 지원하게 되었어요.

우리 마을교육공동체가 운영하고 있는 활동과 앞으로 하고 싶은 활동은?
문화품앗이 봉사수요처로 다양한 봉사프로그램을 운영하고 있고, 지역의 학부모를 대상으로 '슬기로운 부모되기' 무료강좌를 진행하고 있어요. 2022년에는 지역을 소개하는 교재를 만들어 아이들에게 나누고, 지역 어르신을 위한 교재도 만들어 배포할 계획입니다.

우리 마을교육공동체가 바라는 부산의 마을교육공동체 모습은?
참여하는 학생도 마을활동가들도 존중받아야 한다고 생각해요. 사업을 위한 동원의 대상이나 수행의 도구가 되면 행정만 남고 가치와 사람은 사라질 수도 있잖아요. 사실 우리단체도 마을교육공동체라는 용어가 생소했어요. 생각보다 우리 가까이에 있고 활발한 활동을 하고 있는데 잘 알려지지 않은 것 같아요. 부산시 차원에서 용어와 활동에 대해 적극적인 홍보와 참여캠페인을 했으면 좋겠어요.

활짝

2018년 여름 마을 청소년들과 함께하는 자원봉사 프로그램 기획하기 위해 마을 학부모들이 모였습니다. 사하구 장애&비장애 아동들과 함께하는 점자그림동화책, 배리어프리 전시와 공연을 하였습니다. 지역연계 예술공방에서 청소년들의 창작소 작품 프리마켓 , ONE-day 수업작품 등을 전시 하여 마을주민들과 소통하고 미래 세대들에게 선한 영향을 주는 꿈을 꿈니다.

우리 마을교육공동체를 소개하는 한 단어
'활짝'
마을 사람들이 모여 활짝 웃을 수 있는 이야기들을 많이 나누며 지속가능한 활짝 핀 공동체가 되고자 합니다.

마을교육공동체 활동을 시작하게 된 이유?
우리 아이들에게 마을에서 놀거리를 찾아주고 싶어서 시작하게 되었어요.

우리 마을교육공동체가 운영하고 있는 활동과 앞으로 하고 싶은 활동은?
청소년들의 활동, 놀거리, 쉼의 장소가 되어주고 싶어요.

우리 마을교육공동체가 바라는 부산의 마을교육공동체 모습은?
자신들의 목소리를 크고 당당하게 낼 수 있는 공동체가 많아졌으면 좋겠습니다.

다하자 D.H.A.H 마을교육공동체 서구 1

다하자D.H.A.H는 책읽어주는 어머님 가락독서회로 시작된 단체입니다. 서구의 아이들이 우리 마을이 행복한 마을이라는 생각으로 서구에서 꿈꾸며 미래를 향해 나아 갈 수 있도록 하는 것이 다하자D.H.A.H의 활동 목적입니다.

우리 마을교육공동체를 소개하는 한 단어
'다하자'
'아이들이 즐거울 수 있는 일이라면 그 어떤 것이든 다하자라는 마음으로 무엇이든 다하자!입니다. 마을 아이들도 다하자D.H.A.H마을교육공동체 활동을 무엇이든 다 즐겁게 하자!! 라는 마음으로 활동에 참여하기를 기대합니다.

마을교육공동체 활동을 시작하게 된 이유?
아이들이 마을이라는 단어를 생소하고 낯설어하는 모습을 보고 많이 안타까웠습니다. 그래서 첫째도, 둘째도 아이들이 우리 마을에서 더 즐기며 꿈을 꿀 수 있는 활동을 해보고 싶었습니다.

우리 마을교육공동체가 운영하고 있는 활동과 앞으로 하고 싶은 활동은?
작년과 올해 난타동아리 활동과 마을로 스며들기 위한 여러 활동을 하며 아이들과 어른들이 모두 즐거운 시간을 보내고 있습니다. 앞으로 아이들이 마을을 잘 알아가고 마을 주민분들과도 함께 할 수 있는 여러 가지 활동을 해보고 싶습니다.

우리 마을교육공동체가 바라는 부산의 마을교육공동체 모습은?
한 마을만의 교육공동체가 아닌 서로서로 마을과 마을이 협력하여 부산 전체가 참다운 하나의 마을교육공동체가 될 수 있었으면 좋겠습니다.

서구 2

부산기독교종합사회복지관

2020년 3월 아미동 살고 있는 13명의 지역주민이 모여 만든 마을교육공동체입니다. 아동·청소년들이 지역사회의 삶 속에서 배우는 과정을 통해 역량이 강화되고, 민주시민의식을 키울 수 있도록 하기 위해 만들게 되었습니다. 공동체 활동 활성화를 위한 정기회의와 학습모임을 진행하고 있으며, 찾아가는 사람책 만들기, 로컬피스 우리동네 다크투어, 마을미디어교육도 실시하고 있습니다.

우리 마을교육공동체를 소개하는 한 단어
'모들'
'모다들엉'의 준말로 함께라는 제주어이고, 마을에서 함께 모여 배움을 이루는 곳이라는 뜻입니다.

마을교육공동체 활동을 시작하게 된 이유?
마을 내 아동·청소년 양육 환경에 대한 욕구 증대로 젊은 주민의 고민 해결을 통한 지속적인 마을교육복지 환경을 조성하기 위해 시작되었습니다.

우리 마을교육공동체가 운영하고 있는 활동과 앞으로 하고 싶은 활동은?
정기회의, 주민학습모임, 우리 동네 아이들 안전키트 만들기, 우리 동네 아이들 아침밥데이 등을 운영하고 있습니다. 앞으로는 주민비전워크숍 등 마을 주민들이 다함께 참여할 수 있는 활동을 진행하고 싶습니다.

우리 마을교육공동체가 바라는 부산의 마을교육공동체 모습은?
마을강사 역량 강화와 같은 주민들의 역량이 강화되고 발전될 수 있는 교육, 워크숍 등이 다양하게 진행되었으면 좋겠습니다.

사단법인 정세청세 수영구 1

사단법인 정세청세는 2012년 7월에 만들어진 인문·문화·교육을 위한 공익법인입니다. 청소년을 위한 인문학 서점 인디고서원에서 진행하는 공익성 사업 중 청소년 토론회인 '정의로운 세상을 꿈꾸는 청소년, 세계와 소통하다(정세청세)' 이름을 따서 사단법인 정세청세를 만들었습니다. 청소년 인문학 교육 활동을 주로 진행하며, 인문교양지 발간 지원, 국제 인문학 프로젝트 운영, 청소년 토론회 운영, 시민 인문학 사업 진행, 네팔 도서관 건립과 운영을 하고 있습니다.

우리 마을교육공동체를 소개하는 한 단어
'정의'
단체 이름에서도 이미 나와 있듯이, 정의로운 세상을 꿈꾸는 단체이고, 무엇이 정의이고, 정의로운 일을 해나가기 위해 어떤 연대와 협력이 필요한지 늘 고민하고 있기 때문입니다.

마을교육공동체 활동을 시작하게 된 이유?
사단법인 정세청세는 인간적 가치를 통해 타인과 연결되고자 만들어진 단체입니다. 세계적인 연결은 지속적으로 하고 있지만, 정작 가장 가까운 지역의 사람들과 함께하는 시간이 부족하다는 생각을 했습니다. 또한 정세청세가 가진 교육 콘텐츠를 활용할 수 있는 교육공동체가 마을에 더 많이 생기는 것이 필요하다고 생각했습니다.

우리 마을교육공동체가 운영하고 있는 활동과 앞으로 하고 싶은 활동은?
수영구에 있는 초등학교와 중학교에 교사와 학생이 함께 참여할 수 있는 '독서문화캠프'를 운영합니다. 수영구의 초, 중학교 한 학년을 대상으로 4차시 정도의 인문학 독서 강의, 토론, 글쓰기, 발표 등의 활동을 진행하면서 책읽기 교육의 내용과 방법을 공유하고, 이를 교사와 학부모와도 나눌 수 있는 소통을 통해 교육공동체를 형성하고자 합니다.

우리 마을교육공동체가 바라는 부산의 마을교육공동체 모습은?
교육이 무엇인지 끊임없이 질문하고 고민하고 실험하는 공동체가 되길 바랍니다. 답을 얻고자 섣불리 선택하고 진단할 것이 아니라, 교육의 본질에 대해 고민하고 성장할 수 있는 관계에서 함께 시대의 문제를 고민하고, 또 헤쳐갈 수 있는 삶의 기술을 공유하는 공동체, 또한 일상의 기쁨과 행복을 창조할 수 있는 공동체가 되기를 원합니다.

수영구 2

수영, 제로海 에코海

환경과 생태를 주제로 동아리활동을 하면서, 한 마을의 환경을 바꾸려면 많은 사람들의 힘이 필요하다는 생각이 들었습니다. 꾸준한 환경교육으로 환경보호 인식을 개선하고, 환경보호 활동이 지속적으로 이어져서 환경보호에 앞장서는 아이들로 성장할 수 있는 다양한 프로그램을 운영할 것입니다. 아이들, 주민들과 함께 마을축제와 캠페인을 펼치며 즐거운 환경보호 활동을 지속적으로 이어갈 것입니다.

우리 마을교육공동체를 소개하는 한 단어
'제로海, 에코海'
제로웨이스트 실천에 모범이 되는 수영구→수영, 제로海
숲과 바다의 환경이 깨끗해지는 수영구→수영, 에코海

우리 마을교육공동체가 운영하고 있는 활동과 앞으로 하고 싶은 활동은?
바다의 날, 환경의 날, 자원순환의 날 등 주기적으로 환경캠페인 진행하고, 민관학과 협력하여 환경교육사업을 할 계획입니다. 남녀노소 누구나 환경보호 실천러가 될 수 있도록 거점을 오픈스튜디오로 활짝 열어둘 예정입니다.

아트커뮤니티쎈터라온

연제구 1

2013년도 마을공동체 사업을 시작으로 지역의 아이들을 잘 키워보자는 취지아래 지역예술가, 지역주민, 학부모들의 관심아래 현재까지 운영되고 있습니다. 아이들을 위한 진로체험활동 및 학부모 동아리 활동, 힐링캠프 등 다양한 활동들을 해마다 즐겁고, 재미있게 진행하고 있습니다.

우리 마을교육공동체를 소개하는 한 단어
'라온'
라온은 순 우리말로 즐겁게라는 뜻을 가지고 있습니다. 아이들은 라온을 보물창고라고 합니다. 지역주민과 학부모는 마음을 나눌 수 있는 힐링공간이라고 합니다. 라온을 중심으로 모인 교육공동체는 즐겁고 행복한 일들만 가득하자라는 마음을 담고 있습니다.

마을교육공동체 활동을 시작하게 된 이유?
지역에 뿌리내리고 있는 예술가들과 함께 지역민을 위한 예술 활동으로부터 공동체 모임이 시작되었고, 우리가 할 수 있는 가장 큰 보람된 일이 지역의 아이들을 잘 키워내는 것이라고 생각합니다.

우리 마을교육공동체가 운영하고 있는 활동과 앞으로 하고 싶은 활동은?
아이들이 행복한 지역을 만들고, 살고 있는 지역에서 사회적 가치를 실현하는 일이 보람된 일이라는 것을 알려주기 위해 찾아가는 또는 찾아오는 진로탐색 프로그램을 운영하고 있으며, 가족을 대상으로 예술가들과 함께하는 문화예술체험 프로그램을 운영하고 있습니다.

우리 마을교육공동체가 바라는 부산의 마을교육공동체 모습은?
아이들을 키우는 학부모, 그 아이들을 바라보는 지역민, 그리고 우리 아이들이 행복한 마을교육공동체의 지속성을 꿈꿉니다.

연제구 2

연다모

2019년도 다행복교육지구 사업으로 시작된 공동체로서 연제구 지역의 아이들에게 환경, 생태에 대해 배우고 성장시키는 교육플랫폼을 제공하고 마을교사로서의 성장과 지역주민과의 소통과 네트워크를 형성하고자 합니다.

우리 마을교육공동체를 소개하는 한 단어
'소통'
마을의 아이들과 교육을 통해서 소통하고, 마을교사들이 함께 하면서 소통하고, 지역 주민과 나눔을 통해서 소통하고자 합니다.

마을교육공동체 활동을 시작하게 된 이유?
학교 밖 마을에서도 아이들에게 새로운 교육환경을 만들어 보고자 하였고 공동체를 통해서 지역의 주민과 탄탄한 네트워크를 만들어보면 어떨까하는 마음들이 모여서 시작하게 되었습니다.

우리 마을교육공동체가 운영하고 있는 활동과 앞으로 하고 싶은 활동은?
초등학생 대상으로 공공기관 탐방, 전래놀이체험, '우리 마을을 그리다'라는 교육활동을 하고 있습니다. 앞으로는 마을 학교를 만들어서 아이들과 지역주민은 누구나 이용 가능한 교육 플랫폼을 만들어 보고자합니다. 또 지속가능한 마을교사 교육협동조합으로 성장하고자 합니다.

우리 마을교육공동체가 바라는 부산의 마을교육공동체 모습은?
각 마을마다 다양한 교육공동체들이 활동하고 있는 것 같습니다. 서로 간에 네트워크를 통해 만남의 장이 만들어지고, 공유의 시간이 많아지면 좋겠습니다.

연제공동체라디오사회적협동조합

2015년 놀이육아품앗이에서 시작하여 2020년 생태놀이교육공동체로 발전하였습니다. 2021년 코로나 19로 비대면으로 활동할 꺼리를 찾다가 미디어마을교육공동체로 전환하였습니다. 어린이 영화제작, 어린이 라디오 교육, 크리에이터 교육 등을 하며, 지상파 방송국으로 방송통신위원회의 허가를 받아 FM 라디오방송 106.3Mhz와 IP-TV 방송(KT-IPTV 789ch, 유튜브 채널, 어플리케이션, 교육용 플랫폼 채널을 운영하고 있습니다.

우리 마을교육공동체를 소개하는 한 단어
'사람'
부산중심·사람중심 공동체라디오

마을교육공동체 활동을 시작하게 된 이유?
2015년 맞벌이 부모님들이 모여서 어린이 놀이 육아 품앗이를 시작하였습니다. 마을에서 아이들이 놀면 지켜주는 할머니 밥상공동체 다큐멘터리 '노노쉐어'를 제작하게 되고, 마을은 따로 떨어져 사는 곳이 아니라 마을 사람들이 서로 유기적으로 영향을 주고받으며 사는 살아 있는 공간이라는 생각을 하게 되었습니다. 우리 아이가 살고 있는 마을, 학교의 이웃들이 함께 행복할 수 있는 일들을 하면서 우리 아이, 우리 가족이 모두 행복하게 살기 위해 시작하게 되었습니다.

우리 마을교육공동체가 운영하고 있는 활동과 앞으로 하고 싶은 활동은?
2015년에는 놀이 위주의 생태활동을 하다가 코로나19 이후 비대면으로 가능한 공동체미디어방송을 시작하게 되었습니다. 어린이영화 '운동장'을 촬영하면서 미디어교육공동체로 활동을 시작하게 되었습니다. 학생, 학부모, 조부모 등 마을의 다양한 교육 주체들을 위한 공동체 역량강화 사업을 진행합니다. 북한이탈주민, 다문화, 노인, 청소년 등 다양한 이웃들의 삶을 알아보고 같이 소통하며 라디오를 만들면서 아이들이 이웃을 알아가고 함께 살아가는 법을 자연스럽게 배우길 바랍니다.

우리 마을교육공동체가 바라는 부산의 마을교육공동체 모습은?
격의 없이 지내는 친한 사이가 되었으면 좋겠습니다. 교육을 통해 이루어지는 평화로운 사회의 모습을 기대합니다. 마을교육공동체 활동을 하면서 서로 경쟁하거나 결이 다르다고 서로를 무시하지 않고, 함께 다름을 인정하면서 배려하며 아껴나간다면 더 훌륭한 부산마을교육공동체가 될 것이라 확신합니다.

연제구 4

토현다니보니

토현다니보니는 '토현마을을 다니고 보고'라는 뜻으로 마을 곳곳의 교육자원을 찾아 다니려는 의지를 담았습니다. 2018년 토현초 학부모들의 자발적 모임으로 시작하여 연산8,9동에서 공동체를 이루고 마을에서 아이들을 같이 키우기 위해 만들어졌습니다. 우리지역 관공서와 마을 탐방. 그리고 주민들과 함께 마을을 가꿀 수 있는 교육 프로그램을 실행하고 있습니다.

우리 마을교육공동체를 소개하는 한 단어
'따로 또 가치!'
모두 다르지만 모여서 같이 할 수 있는 공동체입니다.

마을교육공동체 활동을 시작하게 된 이유?
2018년 상반기부터 학부모 모임을 하게 되었어요. 학교 교육과 마을에서 아이들의 안전, 뚝심있는 자녀교육에 대한 고민을 나누며 매년 전학생들이 늘어나는 토현초를 지키고 우리 마을에서 계속 이웃을 맺고 살면서 아이들을 같이 키우고 싶은 학부모들이 서로 돕고 활동하고자 시작하게 되었습니다.

우리 마을교육공동체가 운영하고 있는 활동과 앞으로 하고 싶은 활동은?
마을의 관공서들을 마을의 배움터로 활용하여 더 많은 아이들이 함께하면서 좋은 추억을 안고 커 갈수 있도록 여러 활동을 생각하고 있어요.

우리 마을교육공동체가 바라는 부산의 마을교육공동체 모습은?
마을교육공동체 엄마들이 시골에서 자란 분들이 많아서 그런지 어릴 때의 기억과 경험들이 살면서 많은 도움이 된다는 이야기를 합니다. 모든 아이들이 공동체 활동과 놀이를 통해서 더불어 살아가는 경험을 하고 다양한 마음들을 느끼면서 자랐으면 하는 희망을 가져 봅니다. 작은 마을공동체들이 열심히 활동하다 보면 부산은 어느새 하나의 큰 공동체가 되어 있지 않을까요.

사단법인 한국다문화청소년부산협회

영도구 1

2016년 다양한 문화프로그램과 복지사업, 장학사업, 교육사업을 진행하고 있었습니다. 그러다 2021년 영도지역에 있는 청소년과 지역주민을 위한 역량강화 사업이 무엇이 있을까 고민하면서 사단법인 한국다문화청소년부산협회가 설립되었습니다. '남과 다르게 생각하고 살아보자'라는 의미인 사단법인 한국다문화청소년부산협회는 마을주민과 학부모, 청소년 등으로 구성되어 있습니다. 나눔봉사, 마을환경봉사, 진로코칭, 진로체험, 마을학교 활동을 하고 있습니다.

우리 마을교육공동체를 소개하는 한 단어
'남달리'
남과 다른 가치관을 가지고 남과 다르게 살아보자는 이유입니다.

마을교육공동체 활동을 시작하게 된 이유?
마을의 꿈나무들이 스스로 자기의 꿈을 찾아가고 함께 배우고 생각하고 활동하면서 스스로 삶의 주인이 되어가도록 돕고자 시작하게 되었습니다.

우리 마을교육공동체가 운영하고 있는 활동과 앞으로 하고 싶은 활동은?
봉사동아리, 마을환경봉사동아리, 청소년 주도 프로젝트 프리마켓, 학교 교육과정 연계체험활동, 멘토링, 마을주민강사 양성과정, 남달리 마을학교 활동을 운영하고 있습니다.

우리 마을교육공동체가 바라는 부산의 마을교육공동체 모습은?
함께 더불어 마을주민이 성장하고, 청소년이 행복하게 웃고 즐겁게 교육하고 배우는 현장을 만들어가고 싶습니다.

e송도마을교육공동체

e송도마을교육공동체는 씨앗동아리로 시작되었습니다. 초등학교 학부모 독서동아리에서 출발하여 이송도마을을 중심으로 모인 학부모들이 아이들과 지역을 알리는 여러가지 프로그램을 진행하고 있습니다.

우리 마을교육공동체를 소개하는 한 단어
'영도역사체험'

마을교육공동체 활동을 시작하게 된 이유?
학교의 학부모 독서모임에서 만난 구성원들이 씨앗동아리 공모사업으로 학부모와 아이들을 위한 프로그램을 만들기 시작하였고, 더 많은 아이들과 학부모들의 참여를 이끌어내기 위해 마을교육공동체를 시작하게 되었습니다.

우리 마을교육공동체가 운영하고 있는 활동과 앞으로 하고 싶은 활동은?
우리 지역의 역사를 좀 더 쉽고 재미있게 아이들에게 전달하기 위해 지역역사와 요리를 접목한 영도역사요리 프로그램인 '영도를 요리하다'와 영도 환경보호를 위해 '9해줘 영도'라는 환경프로그램을 만들어 지역 아이들과 소통하고 있습니다. 올해부터는 아이들과 지역 생태 환경을 탐구하여 식물도감, 요리 등의 체험 프로그램을 진행할 예정입니다. 그리고 이주민들이 모여 사는 지역의 특성에 주목하여 이주민의 생활과 환경을 품은 새로운 공동체의 미래를 모색해보고자 합니다.

우리 마을교육공동체가 바라는 부산의 마을교육공동체 모습은?
학교, 마을, 학부모가 서로 소통하고 상생하면서 마을교육공동체가 아이들과 함께 다양한 활동을 마을안에서 할 수 있으면 좋겠습니다.

누리봄마을교육공동체 영도구 3

마을에서 사는 모든 사람들이 교육을 통해 행복해지기를 바라며 세상(누리)을 봄처럼 희망차게 가꾸는 사람들의 모여 2019년 7월 누리봄 마을교육공동체를 창립하였습니다. 영도 보물섬 환경지키기, 업사이클링 만들기를 통해 제대로 된 분리수거를 장려하고, 이야기 지키기 활동으로 영도 곳곳에 숨은 유래찾기를 하고 있습니다.

우리 마을교육공동체를 소개하는 한 단어
'지킴'

영도에 오래 살기위해 영도의 환경을 지키고 영도의 이야기들을 찾으며 소멸의 도시 영도에 지키미 역할을 하기 위해서입니다.

마을교육공동체 활동을 시작하게 된 이유?

마을 강사를 하던 중에 마을 학교가 없어지면서 아쉬워하는 아이들을 위해 마을에서 색다른 교육의 기회를 만들어 주려고 마을교육공동체를 만들었습니다.

우리 마을교육공동체가 운영하고 있는 활동과 앞으로 하고 싶은 활동은?

최근 2년 동안은 영도보물섬 환경 지키기와 이야기지키기 활동을 꾸준히 하였고, 앞으로 섬의 특성을 살려 해양 생태 환경 지키기 교육을 하고 싶습니다.

우리 마을교육공동체가 바라는 부산의 마을교육공동체 모습은?

우리 마을교육공동체뿐만 아니라 부산에 있는 마을교육공동체가 연대하여 공동의 문제를 공유하여 해결하고, 함께 프로그램을 진행하는 모습을 기대합니다.

중구 1

다행복귀움

"우리 아이들이 학교가 끝나고 놀 곳이 없어요." 그 흔한 학원도 학교주변에 없어요. 하는 맘(엄마들의 소리에 맘(마음들이 모여서 만들어진 공동체입니다. 2022년에는 동아리, 성인지 교육, 마을음악회를 할 예정입니다.

우리 마을교육공동체를 소개하는 한 단어
'with'
함께라서 그냥 좋은 모임

마을교육공동체 활동을 시작하게 된 이유?
셋째 아이가 초등학교에 입학하면서 학교 엄마들의 목소리에 귀를 기울이다가 활동을 시작하게 되었어요.

우리 마을교육공동체가 운영하고 있는 활동과 앞으로 하고 싶은 활동은?
올해는 동아리 3~4개, 초등 5-6학년 성인지교육 실시, 마을음악회를 진행 하고, 2023년에는 돌봄과 환경프로그램을 운영할 예정입니다.

우리 마을교육공동체가 바라는 부산의 마을교육공동체 모습은?
네트워크가 잘 되어서 서로서로 협조하며 배우고 함께 할 수 있는 마을교육공동체면 좋겠습니다.

반송마을교육공동체네트워크　해운대구 1

2020년 6월에 첫 모임을 하였습니다. 마을의 다양한 인적 물적 자원을 활용하여 아이들을 함께 키우고 아이들의 배움터가 되는 교육생태계를 구축하고자 합니다. 학교, 복지관, 지역아동센터, 도서관, 마을 단체 18곳과 함께하고 있습니다.

우리 마을교육공동체를 소개하는 한 단어
'함께'
혼자보다 함께 하면 많은 일이 더 잘되고 더 재미있기 때문입니다.

마을교육공동체 활동을 시작하게 된 이유?
앞서 풀뿌리단체 '희망세상'의 활동을 먼저 시작하였고, 아동·청소년들이 민주시민으로 마을의 주인이 되어 살아가는 것을 목적으로 마을교육공동체 활동도 하게 되었습니다. 하나의 단체보다는 네트워크를 구성하면 더 큰 힘을 발휘할 수 있지 않을까 하는 마음으로 '반송마을교육공동체네트워크'를 만들었습니다.

우리 마을교육공동체가 운영하고 있는 활동과 앞으로 하고 싶은 활동은?
모든 활동을 마을아이들을 중심에 놓고 진행합니다. 첫째, 신규 발령 온 선생님들이 하교 후 아이들이 생활하는 마을을 알아가며 아이들에게 더 관심과 애정을 가지고 이해의 폭이 넓어지는 계기가 될 수 있도록 '선생님 마을나들이'를 운영합니다. 둘째, 네트워크 하고 있는 각 기관의 사업 공유를 통해 서로 필요한 것을 돕고, 학교의 기반시설을 활용하여 마을활동을 진행할 수 있는 '마을과 학교의 연결고리' 프로그램이 있습니다. 셋째, 청소년들이 자신의 진로를 고민하고 경험할 수 있는 시간 마련과 마을에서 멘토를 발굴하여 궁금한 것은 언제든 만나서 물어볼 수 있는 관계망을 만드는 청소년 진로탐색 '마을이 학교다' 프로그램을 운영합니다. 넷째, 청소년들이 만드는 청소년 축제로 청소년들이 기획부터 진행의 모든 과정에 서로 머리를 맞대고 고민하고 의논하는 과정을 통해 함께 하는 즐거움과 기획력, 추진력을 키울 수 있는 '웃자 청소년 축제'를 진행하고 있습니다. 이후에는 마을과 학교가 교과과정을 함께 논의하고 수업을 진행하였으면 하는 구상을 해봅니다.

우리 마을교육공동체가 바라는 부산의 마을교육공동체 모습은?
선순환이 이루어지는 마을교육공동체가 되었으면 합니다. 마을에서 자란 아동·청소년들이 마을의 선생님이 되어 마을에서 살아가면 좋겠어요. 그리고 마을과 학교, 기관이 같은 높이에서 마을교육공동체를 바라보고 마을주민들의 힘을 믿고, 성장할 수 있는 충분한 시간을 주었으면 합니다. 그렇게 하면 함께 하는 학교와 주민들이 많아져서 누구나 알고 참여하는 '마을교육공동체'가 될 수 있지 않을까요.

재반마을교육공동체

2017년 6월 재송·반여마을 학부모 공동체를 발족하여, 2017년 12월 재송·반여마을 교육발전을 위한 원탁토론회를 개최하여 160여 명이 참석하였습니다. 토론회 결과 마을에 청소년 문화 향유시설 확대와 안전한 마을 환경 만들기 등을 우선과제로 선정하여 학부모 공동체가 나서기 시작하였습니다. 마을교육공동체 활동을 시작하면서 어린이·청소년 발표회 및 장산문화제등 마을 축제를 통해 마을에서 어린이·청소년과 주민들이 소통할 수 있는 기회를 마련하였습니다. 벽화그리기 등을 통해 민관학이 소통할 수 있는 다행복교육지구 활동을 시작하게 되었습니다.

우리 마을교육공동체를 소개하는 한 단어
'꿈 봉사단'
떠나고 싶은 마을에서 살고 싶은 마을로 만들기 위해 어린이·청소년이 주도하는 마을 봉사단체입니다

마을교육공동체 활동을 시작하게 된 이유?
학부모 공동체 활동에서 살맛나는 마을과 학교를 만들기 위해서 변하지 않으면 안된다는 생각으로 체계적인 공동체 활동을 시작하게 되었습니다. 2018년 교육청의 공모사업을 시작 하면서 마을에서 '별을따자 꿈을따자 어린이, 청소년 발표회'를 매년 10월 실시(2회 실시 이후 코로나로 중단를 하였고, 마을에서 문화적인 혜택을 누릴 기회와 어린이·청소년들이 주도하는 문화를 만들기 위해 마을 활동 전개해왔습니다.

우리 마을교육공동체가 운영하고 있는 활동과 앞으로 하고 싶은 활동은?
코로나로 단절된 마을과 학교 생활에 소통할 수 있는 민관학의 노력이 필요한 것 같습니다. 아이들이 살고 싶은 마을을 만들기 위해 어린이, 청소년들의 마을 활동이 마을환경을 위한 지속적인 활동(줍깅, 탄소중립 자원순환가게, 아나바다, 마을 환경지도 만들기, 재송·반여마을 월1회 마을 소공원 안전 놀이터, 슬기로운 마을생활, 마을교사 역량강화 등을 운영 하고 있습니다.

우리 마을교육공동체가 바라는 부산의 마을교육공동체 모습은?
학습격차에 민감해 하지 않는 교육 분위기와 다행복교육지구의 기본 정신이 마을과 학교에서 실현되는 교육체계를 만들어 갔으면 합니다. 어린이·청소년들이 마을에서 주도하는 활동이 확대될 수 있게 지원을 해주셨으면 합니다.

청년가치협동조합 해운대구 3

청년가치협동조합은 2014년 마을카페를 운영하는 열매청년운영위로 시작되어 2015년 청년가치협동
조합을 설립하였습니다. 마을의 청년들과 함께 청년·지역사회를 위한 여러 가지 활동들을 하고 있습니
다.

우리 마을교육공동체를 소개하는 한 단어
'열매'
마을이라는 나무에서 자란 청년들이 모여 반짝반짝 빛나는 열매가 되었습니다. 열매는 열정적인, 매력적인의
줄임말입니다.

마을교육공동체 활동을 시작하게 된 이유?
청년활동과 지역활동을 함께하다 만났던 청소년들이 금세 청년이 되어 돌아왔습니다. 청소년들과 함께하며
단체의 앞날에 대한 고민도 해결되고, 청소년들도 마을의 청년들과 함께 활동하는 것이 좋은 것 같습니다.

우리 마을교육공동체가 운영하고 있는 활동과 앞으로 하고 싶은 활동은?
청소년 마을미디어 활동을 통해 마을을 알아가고, 주변 사람들을 알아가고 있습니다. 미디어의 홍수 시대에 의
미 있는 미디어를 알아가고 만들어가면 좋겠습니다.

우리 마을교육공동체가 바라는 부산의 마을교육공동체 모습은?
형식적인 마을교육공동체가 아닌, 학생과 주민들이 주체가 되어 활동하는 마을교육공동체를 희망합니다.

부산마을교육공동체이야기

마을과 함께
자라는 아이들

초판 1쇄 2022년 10월 15일

엮은이
2022 부산마을교육공동체

기획
부산광역시교육청 교육혁신과 학교혁신팀

발행처
부산광역시교육청
부산광역시 부산진구 화자로 12(양정동
T. 051-1396
https://www.pen.go.kr

출판유통
비온후
http://www.beonwhobook.com

ISBN 978-89-90969-50-7 03370

책값 15,000원